BRANDING DIGITAL.
Relato, contenidos y comunicación de marca a través de dispositivos móviles

BRANDING DIGITAL.
Relato, contenidos y comunicación de marca a través de dispositivos móviles

Coordinador

Santiago Mayorga Escalada

Autores
(por orden de aparición)

Santiago Mayorga Escalada
Diana Gavilán
María Avello
Gema Martínez-Navarro
Alba-María Martínez-Sala
Beatriz Peña Acuña
Paloma del Henar Sánchez Cobarro
Rafael Cano Tenorio
José Luis Cervera Traver
Marcus Vinícius Guio de Camargo

EGREGIUS
ediciones

BRANDING DIGITAL. RELATO, CONTENIDOS Y COMUNICACIÓN DE MARCA A TRAVÉS DE DISPOSITIVOS MÓVILES

Ediciones Egregius

www.egregius.es

Diseño de cubierta e interior: Francisco Anaya Benitez

© Los autores

1ª Edición. 2018

ISBN 978-84-17270-67-4

ÍNDICE

INTRODUCCIÓN

**Branding digital.
Relato, contenidos y comunicación de marca
a través de dispositivos móviles.**

Los cambios en la tecnología y la comunicación acaecidos a lo largo del comienzo del siglo XXI, derivados de una evolución global tan rápida como impredecible, han conducido a que se produzcan una serie de modificaciones estructurales de profundo calado en nuestra sociedad.

La democratización de la tecnología y la aparición de nuevos soportes de comunicación nos llevan a una situación donde los usuarios tienen tanto el poder en las relaciones de comunicación con las marcas como en la maduración de la toma de sus decisiones de compra. Cuentan con la posibilidad de consumir a través de diferentes dispositivos móviles el contenido que quieren y cuando quieren, todo ello de una forma inmediata. Abandonan los herméticos medios tradicionales y utilizan su formación para llegar a la información o el contenido relevante que demandan, escapando de la comunicación persuasiva clásica de tipo intrusivo. Los nuevos usuarios digitales piensan diferente, consumen diferente, cuentan con alternativas de consumo diferentes y, por tanto, constituyen un mercado híper-conectado más específico que se escapa de las antiguas consideraciones estereotipadas y excesivamente estáticas del perfil de consumidor.

El usuario, el nuevo consumidor, se convierte en el protagonista de las acciones comerciales y de comunicación para las marcas. La comunicación estática unidireccional y la publicidad intrusiva en medios tradicionales pierden su razón de ser para este colectivo. Todo este nuevo paradigma del consumidor debe estudiarse junto al emergente protagonismo de las marcas frente a los productos, o la evolución constante que está sufriendo la publicidad en busca de nuevas tendencias que potencien su eficacia. Esta serie de nuevas realidades son absorbidas por los profesionales especialistas dentro del proceso de gestión de marca dando soluciones a través de estrategias de comunicación integradas de naturaleza *transmedia* donde el relato y los contenidos conectan de forma relevante con los usuarios a través de experiencias únicas diseñadas para ser experimentadas en soportes móviles.

La nueva situación paradigmática, donde las comunicaciones se expanden y flexibilizan de forma *transmedia*, las marcas adquieren todo el protagonismo de la empresa, y los usuarios se convierten en el centro de poder nos conduce hacia la profesionalización del *branding* como motor estratégico encargado de poner en contacto de la forma más eficiente a la marca con los usuarios. Este hecho nos conduce al desarrollo actual del trabajo en la construcción de experiencias de marca y la construcción de la marca-plataforma, núcleo o epicentro de todas las acciones integradas de comunicación y relación de la marca con el usuario.

En el pasado III Congreso Internacional de Comunicación y Pensamiento, organizado por Ladecom y el Grupo Comunicar en la Universidad de Sevilla Relato, tuve el enorme placer de coordinar el simposio "Contenidos y comunicación de marca a través de dispositivos móviles" donde tuvimos la oportunidad de aprender y debatir acerca de todos los cambios paradigmáticos reseñados en esta introducción con la gestión de marcas y los dispositivos móviles como ejes transversales. De la producción científica e investigadora desarrollada en el simposio surge esta publicación que toca los siguientes temas específicos:

Notificaciones Push Enriquecidas: retos para el diálogo entre la marca y el consumidor. Una aproximación exploratoria. Los consumidores cada vez pasan más tiempo en sus dispositivos móviles en detrimento de su atención a otros canales. Esto convierte al móvil en el medio principal y más directo de comunicación con el consumidor. Cuando, además, este consumidor autoriza explícitamente la recepción de mensajes personalizados para que las marcas le comuniquen lo que estimen oportuno (opt-in) se abren las puertas a una nueva forma de relación a través de las notificaciones push enriquecidas (NPE).

Integración de las apps en las estrategias de comunicación bajo un enfoque relacional y colaborativo. La investigación sobre el sistema de franquicia se ha abordado desde diferentes perspectivas, pero, escasamente en lo concerniente a la gestión de su comunicación. Bajo el modelo 2.0 las empresas de franquicia están incorporando en sus estrategias comunicativas los principales canales digitales: websites, medios sociales, etc. Su correcta integración requiere de la aceptación de nuevos roles del consumidor como prosumer y adprosumer y de la transformación de los tradicionales modelos comunicativos bajo el paradigma relacional y colaborativo. En sus nuevos papeles, los consumidores usan las tecnologías de las relaciones, la información y la comunicación para relacionarse con las marcas y con audiencias multitudinarias. Las organizaciones deben potenciar estas relaciones mediante las herramientas de mayor uso y popularidad, entre las que encontramos las aplicaciones móviles [apps].

Inclusión de televisión, radio y contenidos multimedia en las aplicaciones móviles oficiales de los clubes de fútbol. La radio, la televisión, y los contenidos multimedia, son empleados por los clubes de fútbol de élite, como medios esenciales a la hora de dirigirse a sus seguidores y simpatizantes, siendo una parte fundamental de la comunicación y abriendo nuevas posibilidades, a través de las posibilidades que ofrecen las aplicaciones móviles oficiales de estas entidades, que son también un medio que ayuda a cumplir con los objetivos de los mismos, más allá de la web 2.0 y las cuentas oficiales en redes sociales que gestionan los profesionales de los departamentos de comunicación de los clubes. Los medios analizados, funcionan para que estas entidades mantengan el seguimiento mediático y la repercusión en sus diferentes públicos.

Tinder y edarlin: estrategia y posicionamiento de marca dentro del sector del dating app. La realidad paradigmática sobrevenida a lo largo del siglo XXI está llena de cambios disruptivos de enorme calado que han logrado transformar la sociedad, el consumo, los comportamientos y la forma de comunicarnos, entre otras cuestiones. En el epicentro de esta situación destaca tanto los cambios tecnológicos como el empoderamiento absoluto que alcanza el usuario. Al calor de estas circunstancias surge una nueva generación de jóvenes que como usuarios, nativos digitales, han sido denominados como millenials. Todas estas circunstancias deben ser tenidas en cuenta por las marcas a la hora de elaborar sus procesos de gestión y branding, sabiendo adaptar su estrategia, mensajes, y elementos de comunicación para lograr conectar de forma eficiente con sus públicos. El uso de la geolocalización, junto al big data, se pone al servicio del usuario a través de dispositivos móviles con muy diversos fines. De entre todo este sector destaca el negocio que se centra en promover las relaciones entre usuarios con el fin de concertar citas, tener encuentros esporádicos, o encontrar una pareja. A partir de esta lógica han surgido, o se han consolidado, una serie de marcas muy potentes de carácter multinacional como eDarling y Tinder.

¿Promoción o conversación? Empleo de las redes sociales por parte de las empresas del sector del juego privado. La popularidad de las apuestas deportivas ha crecido de forma exponen-cial en España durante el último lustro, a partir de la regulación del sector del juego online. La presente investigación analiza cómo gestionan su presencia en Twitter dos de las empresas más reconocidas del sector del juego privado, con el objetivo de conocer y contrastar las estrategias comunicativas que desempeñan. Para conseguirlo, se han analizado las publicaciones lanzadas por las cuentas en español de estas dos compañías en ambas redes sociales durante el mes de enero del año 2018.

Convergencia y consumo: dino aventuras además de la televisión. Esta investigación tiene como objetivo discutir la convergencia de medios propuesto por la serie brasileña infantil Dino Aventuras, que también se muestra en México, España, Portugal, Rusia y Polonia, el análisis de las estrategias de aproximación con su público objetivo y la utilidad de la serie obra audiovisual mediadora de una marca en la actualidad, donde es recurrente la discusión acerca de los límites éticos de la publicidad infantil. Con la inversión de la marca Danone y utilizando Dino, mascota de los productos, es ejemplo de un proceso donde cada vez más las demarcaciones entre medios son superadas, pues se ofrece el contacto con el universo de la serie por medio de contenido disponible en Youtube, juegos para móviles y aplicaciones como Las Aventuras de Dino, desarrollada en colaboración con la Universidad de Cataluña, revelando la creciente imprecisión de la frontera entre contenido de entretenimiento y mensajes publicitarios.

Estrategia de marca e integración transmedia en la comunicación de los clubes de La Liga. La complejidad inherente que conlleva todo proceso de gestión de marca a la hora de establecer una estrategia, y que esta sepa desencadenarse de forma coherente a través de diversas acciones de comunicación, persigue conectar de forma relevante con los públicos. Se busca crear una experiencia única para el usuario a la hora de relacionarse con la marca, cuestión que ayudará de forma transcendental a la fidelización del mismo. En el sector del fútbol profesional las marcas comerciales, en este caso los clubes que pertenecen a La Liga, cuentan con unas condiciones muy particulares asociadas a la identidad y los sentimientos de pertenencia. Gran parte de sus clientes, para lo bueno y para lo malo, son brandlovers (fidelidad incondicional a la marca pase lo que pase) lo que condiciona el proceso de gestión estratégica de este tipo de marcas.

Espero que este libro, junto con todos y cada uno de los capítulos en los que se fundamenta, sirva como contribución tanto al mundo académico como al sector profesional dentro del proceso de exploración y mejora relacionado con la gestión de marca en el siglo XXI y el branding digital.

Dr. Santiago Mayorga Escalada.
Universidad Pontificia de Salamanca (España).
Docente UEMC. Investigador UPSA.
Docente y ponente en MBS Iniciativas Empresariales.

CAPÍTULO I

NOTIFICACIONES PUSH ENRIQUECIDAS: RETOS PARA EL DIÁLOGO ENTRE LA MARCA Y EL CONSUMIDOR. UNA APROXIMACIÓN EXPLORATORIA.

Dra. Diana Gavilan
Universidad Complutense de Madrid, España
Dra. María Avello
Universidad Complutense de Madrid, España
Dra. Gema Martinez-Navarro
Universidad Complutense de Madrid, España

Resumen

Los consumidores cada vez pasan más tiempo en sus dispositivos móviles en detrimento de su atención a otros canales. Esto convierte al móvil en el medio principal y más directo de comunicación con el consumidor. Cuando, además, este consumidor autoriza explícitamente la recepción de mensajes personalizados para que las marcas le comuniquen lo que estimen oportuno (opt-in) se abren las puertas a una nueva forma de relación a través de las notificaciones push enriquecidas (NPE).

Este formato combina texto e imagen/video/audio en un mensaje que emerge de improviso en la pantalla del móvil. Su potencial de segmentación, geolocalización, personalización y las enormes capacidades comunicativas de este formato hacen que, a largo plazo, la comunicación NPE favorezca la creación de valor para el consumidor y el engagement con la marca.

Sin embargo, los objetivos en el corto plazo de cada mensaje se miden en términos de conducta (Click Through Rate CTR): pulsar el mensaje para acceder a la información en tiempo real, cuando se trata de un medio de comunicación; aprovechar una oferta o acceder a un espacio concreto dentro de una aplicación o la web.

Los resultados en este ámbito son alentadores, con tasas medias de respuesta del 20%. Sin embargo, son muchos los interrogantes abiertos sobre el futuro de las NPE: las condiciones que favorecen la aceptación de NPE por el consumidor, las características que deben reunir los mensajes – texto e imagen– para incrementar su aceptación, sin eludir el riesgo que entraña una mala gestión que acabe por convertirlas en una comunicación intrusiva que genere rechazo por parte del consumidor.

En esta ponencia se presentan los primeros resultados de un estudio exploratorio realizado con un panel de expertos, 6 entrevistas en profundidad y 3 reuniones de grupo entre usuarios y potenciales usuarios de las NPE.

Palabras claves

Comunicación móvil, proceso de comunicación, usuario de la comunicación, compromiso con la marca

1. Introducción. Marco conceptual

La comunicación móvil ha alcanzado el punto de masa crítica. Los consumidores cada vez pasan menos tiempo en otros canales y más tiempo en su smartphone u otros dispositivos móviles y los datos estadísticos lo avalan. La penetración de Smartphone, en individuos mayores de edad, alcanza el 97% de la población en España según el Estudio Anual Mobile Marketing (IAB, 2017).

En este entorno, las notificaciones push son una forma de comunicación directa y oportuna entre las marcas y los clientes/usuarios, que llega a estos donde quiera que estén. A través de las notificaciones push se pueden construir y mantener relaciones ricas y sostenibles con los clientes que proporcionen beneficios positivos para la marca a largo plazo.

Las notificaciones push consisten en alertas visuales, auditivas o táctiles encaminadas a atraer la atención del usuario sobre un nuevo contenido online (Iqbal & Horvitz, 2010). Hasta hace no mucho tiempo, estas alertas consistían únicamente en un mensaje de texto, pero hoy pueden ir acompañadas de imágenes, Gif´s animados, vídeos o audios y han pasado a denominarse notificaciones push enriquecidas.

La investigación en este campo reconoce que las aplicaciones móviles y sus notificaciones push son formas de comunicación digital altamente efectivas y útiles para lograr el interés –engagement– del consumidor (Pielot, Cardoso, Katevas, Serrá, Matic & Oliver, 2017). Sin embargo, lograr ese interés requiere utilizar las estrategias adecuadas. A pesar de que la investigación en este campo es incipiente, existen algunos estudios al respecto. Pielot et al. (2017) han encontrado que el momento en que se envían las notificaciones es clave para obtener tasas elevadas de CTR. La recepción de una notificación en un momento inadecuado puede llevar al usuario a rechazarla o incluso a bloquearla.

Del mismo modo, una correcta segmentación del público puede ser la clave del éxito o fracaso (Kushlev, Cardoso & Pielot, 2017). Las notificaciones push son muy eficientes siempre y cuando los mensajes se trasmitan de forma eficaz; lo que implica enviar notificaciones relevantes a los usuarios adecuados, evitando incomodar al usuario con mensajes no deseados. El usuario desea recibir únicamente aquellos mensajes que le interesan. Conocer cuáles son sus áreas de interés es clave para el éxito.

El volumen de notificaciones a un mismo usuario y la frecuencia con que se envían son dos aspectos también importantes. Supervisar la cantidad de notificaciones enviadas a cada usuario de la aplicación y limitar la cantidad de mensajes que se les envia en un determinado lapso de tiempo mejora el CTR (Morrison et al., 2017).

A pesar de la novedad del tema y de su interés, se ha escrito más sobre las circunstancias que rodean al envío de las notificaciones que a cómo deben construirse para que sean eficaces en términos de conducta o CTR. En esta investigación se estudian aspectos relevantes acerca de como debe ser el formato, el texto, las características de la imagen, entre otras, para que la notificación resulte más interesante para los usuarios.

2. Metodo – desarrollo del trabajo

El objetivo general de la investigación es conocer como deben ser las imágenes y los textos de las notificaciones para conseguir una tasa mayor de CTR. Con este fin, se ha seguido un enfoque metodológico exploratorio que permite ahondar en primer lugar, en la actitud del usuario ante las notificaciones y en segundo lugar, entender cuales son las notificaciones que le generan mayor atracción o rechazo analizando dos aspectos en concreto: el texto y las imágenes utilizadas.

Con el objeto de aproximarse a las cuestiones planteadas se han aplicado varias técnicas cualitativas: un panel de expertos, 6 entrevistas en profundidad y 3 reuniones de grupo entre usuarios y potenciales usuarios de las NPE. El trabajo de campo se llevó a cabo en Madrid durante el mes de enero de 2018.

En los apartados siguientes se presentan los principales resultados de la investigación que se organizan en torno a tres cuestiones:

1. El usuario ante las NPE: se trata de entender la actitud del usuario ante las notificaciones para poder conocer donde residen los posibles frenos a aceptarlas.

2. Como deben usar las marcas las notificaciones: una vez que conocemos el punto de vista del usuario, se identifican estrategias de uso de las notificaciones.

3. Como deben ser las notificaciones. Qué características deben tener las notificaciones en relación al texto y a las imágenes para poder construir notificaciones que aumenten el CTR.

3. Resultados

3.1. El usuario ante las notificaciones push enriquecidas (NPE)

En relación a la opinión y actitud del usuario ante las NPE encontramos cinco aspectos relevantes.

En primer lugar, existe cierta confusión entre los consumidores en relación a las notificaciones que les llegan a través de su móvil: *"Si pienso en notificaciones pienso en RRSS, pero también McDonalds o Burger King me mandan notificaciones de descuentos"*. Además, se observa que la actitud es poco favorable a priori, hasta que se ubican en un contexto de valor: *"Cuando me saltan me molestan"*; *"Me sugieren invasión y pesadez"*; *"Las que busco las agradezco"*.

Por otra parte, algunos usuarios no tienen claro que hayan aceptado recibir notificaciones en su smartphone, ni que puedan darse de baja en cualquier momento lo que les genera cierta inquietud: *"Quiero tener la posibilidad de decir que no me envíen más"*; *"Debería autorizarse explícitamente a las marcas"*; *"No te das cuenta y las activas"*. Y aún siendo conscientes, el resultado de darse de alta les sorprende: *"En cuanto te inscribes no te esperas recibirlas todo el rato"*. Sin embargo, para los más jóvenes, la opción de recibir ofertas hace que el coste de oportunidad de darse de baja sea elevado y no lo hagan: *"Si las quito me voy a perder algo que me interesa"*; *"Sé que se pueden desactivar, pero no las desactivo"*.

3.1.1. El reto del click

Los resultados indican que una notificación solo se abre si aporta valor al receptor y dicho valor reside en la combinación de cuatro elementos: volumen, momento, frecuencia y segmentación.

1. Volumen: Es necesario dosificar el número de notificaciones envíadas: *"Algunas marcas son muy cansinas. A veces me llegan hasta 3 o 4 de la misma marca en un día"*

2. Momento: Resulta de vital importancia elegir el momento del día o de la semana en el que se envían las notificaciones: *"Si me mandan una oferta de pizza el martes por la mañana ni la leo, si lo hacen el viernes por la noche seguramente sí"*.

3. Frecuencia: Conviene distanciar los envíos para no crear saturación y rechazo: *"No pueden estar enviándote notificaciones todos los días"*.

4. Segmentación: Las notificaciones no deben utilizarse como medio de comunicación masivo puesto que los usuarios solamente están interesados en recibir notificaciones que les aporten beneficios personales, directos y claros: *"Que no me molesten si no es para decirme algo que a mí me interese. Por ejemplo que hay vuelos baratos a mi destino preferido"*.

Figura 1: Eliminar el freno a las notificaciones

Fuente: elaboración propia.

3.2. ¿Cómo deben usar las marcas las notificaciones push enriquecidas?

El aspecto más relevante del estudio indica que si bien la combinación de los cuatro elementos descritos anteriormente (volumen, momento, frecuencia y segmentación) son estratégicos y relevantes además, las NPE deben adecuar su mensaje y contenido siempre al usuario. Esto supone que las marcas deben elaborar una estrategia adecuada teniendo en cuenta tres cuestions. En primer lugar, deben aportar valor al usuario: *"Que me digan cosas que me interesen, si es para decirme que existes, mejor la publicidad"*. En segundo lugar, el cliente debe percibir valor en el contenido puesto que así su actitud se torna favorable: *"Las notificaciones que me llegan de las marcas sé que son para ahorrarme dinero"; "Las considero útiles porque si no, no sabría que existe esa promoción"*. Por último, no hay que olvidar que el texto y la imagen se complementan para formar el mensaje. En este sentido, se observa que los titulares deben ser cortos, concretos y específicos: *"Leo el titular y no sé de qué va"; "En el titular quiero que me digas qué me ofreces"* y las imágenes han de ser diagnósticas y/o evocadoras: *"Una foto de una playa, por ejemplo, es sugerente. "Entraría para curiosear"*.

Tabla 1. Cómo usar las notificaciones.

Notificaciones que se abren	Notificaciones que no se abren
Se abren las notificaciones que generan una expectativa acorde con el momento del usuario: • *"Si vamos a salir de cena"* • *"Si tengo dinero para gastarme en las rebajas"* • *"Quiero estar informado de lo que está pasando"*	Cuando lo que se ve del mensaje revela que no es interesante para el sujeto en ese momento Cuando toda la información está en el mensaje • *"Con lo que leo en la pantalla es suficiente"*

Fuente: elaboración propia.

3.3. ¿Cómo deben ser las notificaciones push enriquecidas?

Como construir notificaciones eficaces que conduzcan a incrementar el CTR es una de grandes inquietudes de las marcas. Realmente no existe una única fórmula para construir notificaciones adecuadas, pero sí encontramos unas consideraciones que pueden ayudar a orientar en gran medida su estrategia de creación. Observamos que la notificación debe ser acorde con el objetivo de la marca (informar, ser el primero, generar interés, emocionar...) además, el texto y la imagen deben ser complementarios y apoyarse el uno al otro y las imágenes, si bien no existe una fórmula mágica, se constata que si no son buenas no generan interés y no funcionan.

3.3.1. Las notificaciones push de noticias de los medios

Las notificaciones de los medios sobre noticias deben reunir una serie de características para incrementar el CTR y no generar rechazo por parte del usuario. En primer lugar, se valora la inmediatez, es decir, recibir la noticia en el momento de producirse, incluso aunque el usuario decida abrirla más tarde: *"Doy mucha importancia a la información al instante"; "Las abro dependiendo del titular y si no, cuando estoy comiendo suelo abrirlas"*. La segmentación, el consumidor agradece las noticias sobre temas que interesan, el resto les sobra: *"No quiero que me manden noticias sobre futbol porque me molestan"; "Me gustaría poder elegir los temas sobre los que quiero recibir información"*.

La imagen resulta indispensable para dotar de credibilidad a la noticia, generar interés y curiosidad y ayuda a situar la noticia en su contexto. Debe tener propiedades diagnósticas de la situación que presenta. Las imágenes que se limitan a ilustrar no aportan valor: *"Una foto sin más de un político no me dice nada"; "Me fijo primero en la foto"*.

En cuanto al texto, despierta el interés por la noticia cuando funciona como un mensaje incompleto: *"Empieza el día informado puede ser un buen titular si quiero que me resuman la actualidad"*. Y la intriga es poco recomendable en un contexto de rapidez y eficiencia: *"Si veo que me están liando paso"*. Además, no debe ser un mensaje completo que proporcione toda la información en el titular porque si no se pierde el interés en abrirla para conconer más: *"Si te dicen el resultado del partido ya no entras en la noticia"*.

Figura 2: Como deben ser las notificaciones de noticias

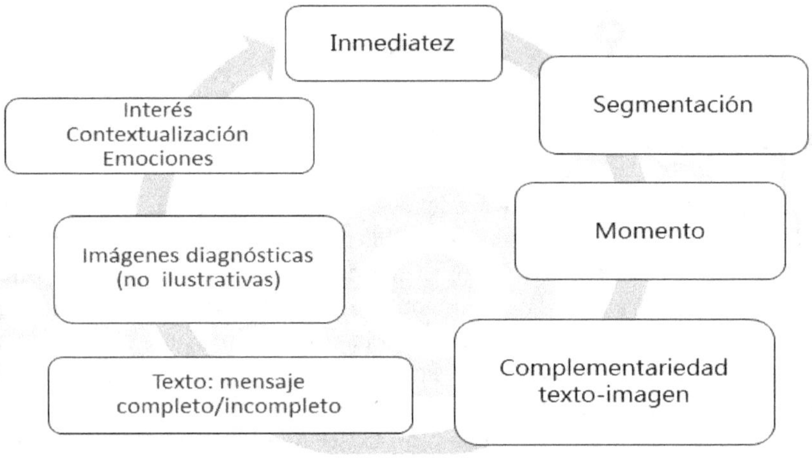

Fuente: elaboración propia.

3.3.2. Las notificaciones push de promociones

Las marcas que ofrecen productos de consumo y servicios encuentran en las NPE un canal de comunicación con el cliente muy estratégico. Los usuarios se muestran interesados en obtener información sobre promociones y descuentos ya que ven en ello un beneficio claro y directo. La predisposición a recibir notificaciones de este tipo es, por tanto, elevada: *"Sí, me gusta mucho conocer qué promociones hay, para ver si puedo ahorrarme algo de dinero. Eso siempre es interesante"*. Pero igualmente no deben utilizarse de forma indiscriminada, deben segmentarse y adaptarse a las necesidades e intereses del cliente: *"No me gusta que me bombardeen con promociones. Me gusta que me hagan llegar solamente aquellas que me interesan, que se adaptan a mí y que pueden suponerme un ahorro real"*.

También, ha de tenerse en cuenta el momento en el que se envían puesto que afecta a la planificación de la redención: *"Si te llega por la mañana te vas planificando, y si te llega a las 21:00 perfecto. Cuando salgo con mis amigos vemos lo que nos han ofrecido y dependiendo de lo que nos apetezca y donde estemos las usamos".* En cuanto al beneficio que ofrecen, éste debe ser claro, concreto y específico: *"Las notificaciones sobre ofertas deben ser claras, para que entiendas bien lo que te ahorras y solo de cosas que me interesen".* Respecto a la imagen y al texto, la imagen resulta de vital importancia por lo que se recomienda que la composición del mensaje sea preferiblemente visual. Las características de la imagen son diferentes en función del tipo de marca. Por ejemplo, en las promociones de productos como comida, la imagen debe consistir en un primer plano del producto, si es en movimiento mejor y el texto debe reflejar claramente el beneficio: *"Si es una oferta de pizza la imagen debe permitirte incluso oler el producto".*

En el caso de promociones de intangibles como tarifas de móviles por ejemplo, la imagen junto con el texto pueden formar una composición que debe contener claramente la oferta (precio anterior, precio actual, ahorro detallado,...), no son necesario imágenes icónicas: *"Aquí lo que me interesa es ver claramente con números lo que me puedo ahorrar, el resto no aporta".*

En promociones de viajes, por ejemplo, la imagen ha de ser muy evocadora y permitir al usuario sumergirse y verse dentro del contexto por lo que imágenes donde aparecen personas molestan y distraen la atención del usuario. Sin embargo, objetos como una hamaca, le ayudan a sentir la experiencia: *"En el caso de un viaje, me gusta más ver una playa paradisiaca, algo ideal, mejor sin personas, solo una hamaca para que pueda verme yo allí".*

Figura 3: Como deben ser las notificaciones de promociones

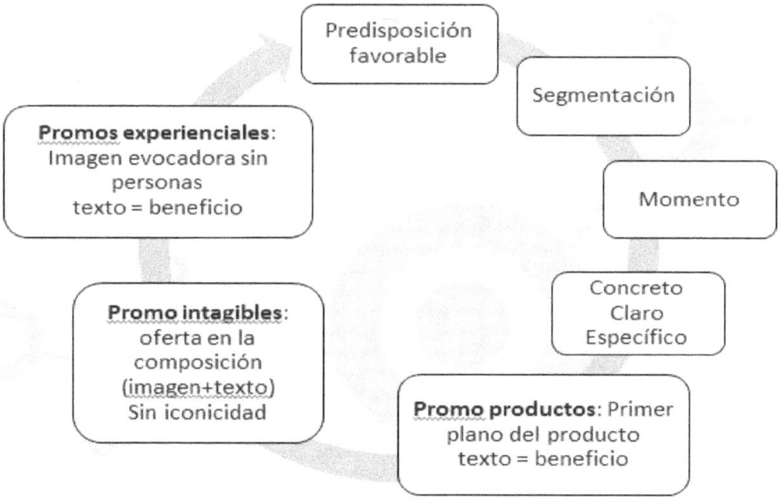

Fuente: elaboración propia.

4. Conclusiones e implicaciones

Las notificaciones push enriquecidas son una nueva forma de entablar conversación con el cliente. Cuando esta conversación se planifica de forma estratégica genera valor para el usuario, por lo que las marcas se ven recompensadas con resultados sólidos y clientes comprometidos a largo plazo. Para ello, tan importante como la experiencia vivida por el ususario en la recepción de notificaciones push –que debe ser gratificante, deseada y útil– lo es el diseño de la notificación –texto e imagen–.

Generar valor para el usuario comienza por observar unas recomendaciones sencillas: segmentar a los clientes atendiendo a sus preferencias, controlar el momento del envío evitando las interrupciones, controlar el volumen de notificaciones enviadas y la frecuencia de los envíos evitando la saturación a lo que añadimos con este trabajo: cuidar el mensaje con textos muy dirigidos a despertar el interés del ususario e imagenes que ilustren el mensaje destacando sus cualidades.

5. Referencias bibliográficas

IAB (2017). Estudio Anual Mobile Marketing.
www.https://iabspain.es/wp-content/uploads/estudio-mobile-2017-vcorta.pdf

Iqbal, S. T., & Bailey, B. P. (2010). Oasis: A framework for linking notification delivery to the perceptual structure of goal-directed tasks. ACM Transactions on Computer-Human Interaction (TOCHI), 17(4), 15.

Kushlev, K., Cardoso, B., & Pielot, M. (2017, September). Too tense for candy crush: affect influences user engagement with proactively suggested content. In Proceedings of the 19th International Conference on Human-Computer Interaction with Mobile Devices and Services (p. 13). ACM.

Morrison, L. G., Hargood, C., Pejovic, V., Geraghty, A. W., Lloyd, S., Goodman, N., ... & Yardley, L. (2017). The effect of timing and frequency of push notifications on usage of a smartphone-based stress management intervention: An exploratory trial. PloS one, 12(1), e0169162.

Pielot, M., Cardoso, B., Katevas, K., Serrà, J., Matic, A., & Oliver, N. (2017). Beyond interruptibility: Predicting opportune moments to engage mobile phone users. Proceedings of the ACM on Interactive, Mobile, Wearable and Ubiquitous Technologies, 1(3), 91.

CAPÍTULO II

INTEGRACIÓN DE LAS APPS EN LAS ESTRATEGIAS DE COMUNICACIÓN BAJO UN ENFOQUE RELACIONAL Y COLABORATIVO

Dra. Alba-María Martínez-Sala
Universidad de Alicante, España
Dra. Beatriz Peña Acuña
Universidad Católica de Murcia, España
Dra. Paloma del Henar Sánchez Cobarro
Universidad Católica de Murcia, España

Resumen

La investigación sobre el sistema de franquicia se ha abordado desde diferentes perspectivas, pero, escasamente en lo concerniente a la gestión de su comunicación. Bajo el modelo 2.0 las empresas de franquicia están incorporando en sus estrategias comunicativas los principales canales digitales: websites, medios sociales, etc. Su correcta integración requiere de la aceptación de nuevos roles del consumidor como prosumer y adprosumer y de la transformación de los tradicionales modelos comunicativos bajo el paradigma relacional y colaborativo. En sus nuevos papeles, los consumidores usan las tecnologías de las relaciones, la información y la comunicación para relacionarse con las marcas y con audiencias multitudinarias. Las organizaciones deben potenciar estas relaciones mediante las herramientas de mayor uso y popularidad, entre las que encontramos las aplicaciones móviles [apps]. Dada su creciente importancia, se analiza la capacidad relacional y colaborativa de las apps de las principales empresas de franquicia del sector fast food, por su relevancia económica y social. La metodología combina la revisión bibliográfica sobre marketing relacional y colaborativo, comunicación de la franquicia, web 2.0 y apps, con un estudio descriptivo que se implementa mediante un análisis de contenido cuantitativo de la capacidad relacional de las apps. Los resultados revelan una infrautilización del potencial de las apps como resultado de un enfoque, todavía, unidireccional de la comunicación. El análisis realizado nos ha permitido señalar las directrices a seguir en orden a desarrollar e integrar correctamente las apps en las estrategias de comunicación acorde a los nuevos roles de los consumidores.

Palabras clave

aplicación informática; comunicación móvil; franqui-cia; marketing relacional; marketing colaborativo

1. Introducción

Las nuevas tecnologías están provocando cambios en los modelos tradi-cionales de comunicación empresariales. Los consumidores, hasta ahora receptores pasivos de la comunicación, se han convertido a su vez en emisores y las tecnologías de información y comunicación [TICs] en medios a través de los cuales difunden mensajes sobre las marcas, empresas y organizaciones. En consecuencia, tal y como señalan Monserrat-Gauchi y Martínez-Sala (2016), los tradicionales modelos de gestión de comunicación e incluso su papel en el proceso comunicativo, carecen de sentido en el momento actual.

El contexto actual exige una comunicación más directa, más próxima, que combine los medios tradicionales con las herramientas de comunicación online (Quiles-Soler, Martínez-Sala y Monserrat-Gauchi, 2016). En el ámbito de la empresa de franquicia se afirma que es necesario gestionar la comunicación adaptándose a los cambios tecnológicos y económicos que se producen (Monroy y Alzola, 2005). Pese a su importancia, son pocas las publicaciones de carácter científico que abordan el estudio de la innovación en comunicación en este sector (Monserrat-Gauchi, Quiles-Soler y González-Díaz, 2014). Las más recientes consideran el papel clave de las TICs, centrándose en las redes sociales (Marauri Castillo, Pérez Dasilva y Rodríguez González, 2015; Monserrat-Gauchi, Quiles-Soler y Martínez-Sala, 2017; Quiles-Soler et al., 2016). En ellas se concluye que pese al cambio operado en lo que respecta a su integración en las estrategias de comunicación sigue primando enfoque unidireccional que obvia las necesidades de un nuevo consumidor, rebautizado como prosumer (Toffler, 1980) y adprosumer (Caro, Luque y Zayas, 2015) que usa las redes sociales principalmente para relacionarse (Asociación para la Investigación de Medios de Comunicación, AIMC, 2017; Institute Advertising Bureau Spain, IAB, 2017). La máxima representación de las necesidades y motivaciones de este nuevo consumidor es la Web 2.0, un modelo que destaca por una función eminentemente social (Lacalle, 2011) y por satisfacer sus expectativas relacionales. Bajo este modelo, entre sus máximos exponentes, encontramos junto a las redes sociales, las aplicaciones móviles [apps] (Nafría, 2008). Las apps son una herramienta imprescindible de comunicación empresarial con los públicos cuya relevancia va a seguir creciendo hasta posicionarla como la más relevante (Zerfass, Verhoeven, Moreno, Tench y Verčič, 2016). Su estudio es por lo tanto necesario e innovador dada la escasez de investigaciones y bibliografía al respecto (Peña Acuña y Batalla Navarro, 2016).

Respecto a la empresa de franquicia, se trata de un sistema de comercialización de bienes y servicios que goza de un auge imparable en las sociedades de consumo de los países desarrollados (Montserrat-Gauchi y Martínez-Sala, 2016), también en España donde conforma "Un sector plenamente consolidado. Crecen todas sus variables y la previsión es que seguirá siendo así" (Tormo Franquicias Consulting, 2017, p. 4).

La presente investigación surge de la necesidad de conocer la situación actual de las apps de las principales empresas de franquicia en España atendiendo a los preceptos del paradigma relacional que impera en la comunicación 2.0 y que otorga todo el protagonismo al usuario. Para ello hemos seleccionado las principales empresas del sector fast food por su relevancia en el ámbito de la franquicia y por las características de su público mayoritario en relación con las TICs. Según la consultora Tormo Franquicias Consulting (2015) en el ámbito de las empresas de franquicia, dentro del sector hostelería y restauración, el subsector fast food es el más representativo y el de mayor crecimiento. El de hostelería es, a su vez, un sector potente y sólido dentro de este sistema empresarial (Tormo Franquicias Consulting, 2017).

En lo que respecta al consumidor de fast food, el 63% tienen edades comprendidas entre los 15 y los 25 años (Torrejón y Ramos, 2016) coincidiendo el con público mayoritario de apps (IAB, 2016). Los usuarios de apps tienen una media de 18 apps instaladas en sus smartphones, siendo Whatsapp y Facebook las de mayor implantación. Sin embargo, aseguran usar solo la mitad. Los motivos principales de desinstalación son la falta de uso (62%) y las falsas expectativas (46%) (IAB, 2016). Evitarlo es una exigencia para las organizaciones que requiere considerar las motivacio-nes principales de uso del móvil y de las apps, entre las que destacan las actividades sociales (IAB, 2016). Tal y como señalan Sabater Fernández, Martínez Lorea y Campeón (2017), en el ámbito general de las TICs los jóvenes valoran fundamentalmente su capacidad relacional. Siendo de-terminante para su uso que permitan y posibiliten la interacción personal y las relaciones sociales con la familia, los amigos/as, etc.

El contexto descrito justifica academica y profesionalmente esta investigación acerca de la integración de apps en las estrategias de comunicación bajo el paradigma relacional y colaborativo. Académicamente, como se ha constatado escasean las investigaciones tanto sobre innovación en los modelos de comunicación de las empresas de franquicia (Monserrat-Gauchi et al., 2014) como sobre las apps, en este y otros sectores (Peña Acuña y Batalla Navarro, 2016). Profesionalmente, es la previsión acerca del papel de las apps en cuanto que herramientas de comunicación imprescindible para las organizaciones (Zerfass, Verhoeven, Moreno, Tench y Verčič, 2016) lo que respalda la presente investigación.

2. El enfoque relacional y colaborativo en las estrategias de comunicación y su implementación en las apps

Al tiempo que se implanta el modelo web 2.0 las tendencias en el ámbito del marketing y de la comunicación organizacional han ido evolucionando. El propio Philip Kotler alude a la necesaria evolución del marketing tradicional, primero al relacional cuyo principal objetivo es establecer relaciones con los consumidores que aseguren su fidelización y, posteriormente, al colaborativo. Este último enfoque, se centra no solo en las relaciones con los consumidores reales si no también en las posibilidades de que estos mismos consumidores, a través de sus propias relaciones, atraigan nuevos consumidores hacia la organización (Serrano Cobos, 2006). Pérez y Massoni (2009) también señalan la importancia de las relaciones en su planteamiento de la Nueva Teoría Estratégica insistiendo en la necesidad de reorientar el enfoque de las relaciones de la organización con sus públicos.

El enfoque relacional implica una nueva forma de concebir e implantar las estrategias de comunicación. Se trata de satisfacer a un individuo que, gracias a la masiva implantación, primero, de Internet y luego de los dispositivos móviles (AIMC, 2017; IAB, 2016) puede acceder a contenidos universales con total libertad, desde cualquier lugar y en cualquier mo-mento, así como compartirlos y generar los suyos propios. Las acciones participativas de compartir, cooperar, comunicar y conversar convierten al tradicional consumidor pasivo de contenidos en un creador o co-creador de contenidos (Bermejo Berros, 2008; Segarra-Saavedra y Tur-Viñes, 2017) que en ocasiones puede llegar a convertirse en portavoz de las marcas (Caro et al., 2015; Marauri Castillo et al. 2015; Martínez-Sala y Campillo-Alhama, 2018). En este nuevo papel como prosumer (Toffler, 1980) o adprosumer (Caro et al., 2015) los consumidores usan Internet y los canales digitales para relacionarse con audiencias multitudinarias. Las organizaciones deben participar e incentivar este mercado de conversaciones (Levine, Locke, Sears y Weinberger, 2008), de espacios conectados en los que los clientes se convierten en agentes y medios sociales colaborativos, participativos e interactivos (Cortés, 2009) multiplicando exponencialmente su alcance.

El desarrollo de las tecnologías de las relaciones, la información y la comunicación [TRICs] (Marfil-Carmona, Hergueta Covacho y Villalonga Gómez, 2015) y las consiguientes expectativas de los usuarios determinan la necesidad de desarrollar herramientas adaptadas a las nuevas necesidades de consumo y comunicación de los consumidores. Entre estas destacan las que conforman nuestro objeto de estudio, las apps, al ofrecer a las organizaciones un amplio abanico de posibilidades para relacionarse con sus consumidores y lograr conversión, fidelidad y recomendación (Castelló Martínez, Del Pino Romero y Ramos Soler, 2014).

El crecimiento constante de la popularidad y uso de los smartphones (IAB, 2016) ha sido decisivo en un creciente interés por la investigación en el ámbito de las apps sobre todo en lo concerniente a las motivaciones de uso. En el ámbito que nos ocupa, la capacidad relacional de las apps, Hsiaoa, Changb y Tangc (2016), centrados en las apps de tipo social que son aquellas que permiten a sus usuarios relacionarse con otros usuarios, concluyen que en estas se valoran fundamentalmente las funcionalidades que facilitan sus tareas diarias y que fomentan sus relaciones a través de las redes sociales. Esta y otras investigaciones centradas en las motivaciones de los usuarios (Islam, Law y Hassan, 2013; Kim, Park, Kim y Lee, 2014; Noh y Lee, 2016; Park, Baek, Ohm y Chang, 2014; Verkasalo, López-Nicolás, Molina-Castillo y Bouwman, 2010) prueban un importante avance en el ámbito de las apps. Sin embargo, en lo concerniente a las apps de marca y, pese a su enorme potencial como canal de comunicación bidireccional, apenas encontramos algunos estudios (Ruiz-del-Olmo y Belmonte Jiménez, 2014). Las escasas investigaciones en este ámbito se centran en la industria de los medios de comunicación (Costa-Sánchez, 2014; Costa-Sánchez, Rodríguez-Vázquez y López-García, 2016; Piñeiro-Otero, 2015; Silva Rodríguez, López García, Westlund y Ulloa Erazo, 2016) y turística (Fernández Cavia y López, 2013; Scolari, Guerrero, López y Fernández Cavia, 2013). Pese a tratarse de sectores dispares al de nuestro objeto de estudio, su revisión y consideración es necesaria para corroborar el interés académico y profesional de esta investigación sobre la capacidad relacional y colaborativa de las apps, así como para establecer las variables de análisis. Pese a que sectores distintos pueden y deben implicar funcionalidades diferentes en sus respectivas apps, también pueden y deben satisfacer motivaciones generales de uso de estas por parte de sus usuarios, entre ellas las relaciones sociales (Hsiaoa et al., 2016). Las investigaciones revisadas prueban la relevancia de la capacidad relacional de las apps independientemente de que esta sea su función principal y del sector o ámbito de análisis. La posibilidad de relacionarse con otros usuarios, así como con la organización, en definitiva, el diálogo social es una característica y una consecuencia del modelo web 2.0 (Silva-Rodríguez et al., 2016) y las apps, sean del tipo que sean, deben permitirlo e incentivarlo. En concreto, en las apps de marca conviven objetivos comerciales con el vínculo social tal y como señalan Ruiz-del-Olmo y Belmonte-Jiménez (2014) y Silva-Rodríguez et al. (2016) al incluir el comercio y la conversación entre las 4 C's de la comunicación móvil como áreas distintas pero interconectadas e imprescindibles para comprender y adaptarse al contexto actual. El vínculo social es un objetivo ineludible en las estrategias de comunicación de las empresas, también de las franquicias (Monserrat-Gauchi et al., 2017; Quiles-Soler et al. 2016) así como una función esencial en la estrategia comercial de las apps de marca (Ruiz-del-Olmo y Belmonte-Jiménez, 2014). Su análisis y evaluación es por lo tanto necesario y de interés.

3. Objetivos

Esta investigación contempla los dos niveles de interacción señalados (usuario-usuario y usuario-empresa) desde el enfoque de las principales teorías que estudian la relación de una empresa con sus públicos (Capriotti, 2013; Oliveira, Capriotti y Matilla, 2015) para el análisis y evaluación de la capacidad relacional de las apps, objetivo principal de esta investigación. Esta descripción del estado de las TRICs (Marfil-Carmona et al., 2015) es relevante en un sector en el que escasean las investigaciones en torno a la innovación en comunicación (Monserrat-Gauchi et al., 2014) y proporciona puntos de inflexión para las empresas y organizaciones, así como para la sociedad en general sobre las funcionalidades de las apps dentro del panorama actual del sector fast food.

Para ello nos planteamos los siguientes objetivos específicos:

a. Establecer las variables de análisis pertinentes derivadas de las motivaciones relacionales y sociales de los usuarios para la evaluación de las apps de las empresas de franquicia del sector fast food.

b. Describir y evaluar la capacidad relacional y colaborativa de las apps de las empresas de franquicia de fast food.

c. Establecer las premisas para un correcto diseño y/o remodelación de las apps bajo el paradigma relacional y colaborativo.

La consecución de los objetivos descritos permite describir en qué medida las franquicias se han adecuado a las exigencias del modelo web 2.0 y de las figuras del prosumer (Toffler, 1980) y adprosumer (Caro et al., 2015) así como las directrices a seguir en orden a lograrlo. Los resultados de la investigación son extrapolables a otros sectores de las empresas de franquicia, así como a otro tipo de empresas u organizaciones dada la omnipresencia del paradigma relacional y colaborativo en los ámbitos actuales del marketing y de la comunicación.

4. Método

Se ha seguido una metodología empírico-analítica que combina la revisión bibliográfica sobre el paradigma del marketing relacional y colaborativo, la comunicación en el ámbito de la franquicia, el modelo web 2.0 y uno de sus máximos exponentes, las apps, con un estudio descriptivo (Batthyány y Cabrera, 2011). Este se implementa mediante un análisis de contenido cuantitativo de la capacidad relacional de las apps de las empresas de franquicia líderes a nivel internacional y operativas en España, del sector fast food.

El primer paso para el cumplimiento de los objetivos supone concretar la muestra. Para ello, se ha tomado como fuente una de las principales consultoras en franquicia de ámbito mundial: Franquicia Directa. Esta con-sultora, cada año clasifica a las mejores franquicias del mundo que operan a nivel internacional. De las 500 franquicias del ranking ofrecido a través de su página internacional www.franquiciadirecta.com, hemos seleccionado todas las del sector escogido. El siguiente paso es verificar si estas empresas operan en el mercado español. Para ello, se procedió a realizar una búsqueda individualizada en el Registro Oficial de Franquiciadores, dependiente del Ministerio de Economía y Competitividad del Gobierno de España. De las franquicias seleccionadas sólo 6 operan en el mercado español como franquicia y de estas, sólo una es de origen español.

Tabla 1. Empresas de franquicia líderes sector alimentación: fast food

Nº Ranking	Nombre franquicia	País de origen	Operativa en España /NIFRA*
1	Subway	EEUU	Sí / 2004082600005F
3	McDonald's	EEUU	Sí / 2015325813285F
5	KFC	EEUU	Sí / 2012238613287F
7	Burger King	EEUU	Sí / 2013282600003F
8	Domino´s Pizza	EEUU	Sí / 2012243000004F - 2010191813289F
19	Taco Bell	EEUU	No
29	Papa John´s Pizza	EEUU	No
69	Carl's Jr. Restaurants	EEUU	No
81	Telepizza	España	Sí / 2000012213286F
172	Pita Pit	Canadá	No
206	Quick Restaurant	Bélgica	No
309	Nathan's Famous	EEUU	No
444	New York Pizza	Países Bajos	No
491	Wimpy	GB - Inglaterra	No
499	Mezzo di Pasta	Francia	No

Fuente: elaboración propia partir de Franquicia Directa (2003-2017) y Gobierno de España, Ministerio de Economía y Competitividad (s.f).
Nota: *Número de inscripción en el Registro de Franquiciadores del Ministerio de Economía y Competiti-vidad del Gobierno de España.

La localización de las respectivas apps se realiza en sus webs corporativas en España donde se identifican los enlaces de descarga. En caso negativo realizamos las búsquedas pertinentes en la plataforma Play Store. Tanto la localización como el análisis se han realizado mediante smartphones Android (versión: 6.0.1).

Tabla 2. Muestra de apps a analizar y características técnicas principales

Nombre franquicia	url	*App* desde la web	*App* desde Play Store
Subway	http://subwayspain.com/es/	No	Sí
McDonald's	https://www.mcdonalds.es/	Sí	Sí
KFC	http://kfc.es/	No	Sí
Burger King	http://www.burgerking.es/	No	Sí
Domino´s Pizza	https://www.dominospizza.es/	Sí	Sí
Telepizza	http://www.telepizza.es/	Sí	Sí

Fuente: Elaboración propia.

Las variables contempladas para el estudio y evaluación de la capacidad relacional y colaborativas de las apps son el resultado de la revisión bi-bliográfica realizada, de los objetivos planteados y del criterio de las investigadoras (Tabla 3). Su pertinencia ha sido confirmada por dos profesores con amplia experiencia en el ámbito de la comunicación de las empresas de franquicia y por profesionales de reconocido prestigio en el ámbito del marketing digital. El análisis fue realizado a lo largo de 3 meses (mayo-julio 2017) por las autoras supervisadas por uno de los profesionales que validó las variables de análisis asegurando así la consistencia.

Tabla 3. Variables de análisis de la capacidad relacional de las apps y escala de evaluación

Variables	Descripción	Escala de evaluación
Interacción usuario-administrador (interna)	Se evalúa la posibilidad de que los usuarios puedan relacionarse a través de la *app* con sus administradores (canales de contacto, consulta, etc.)	No: 0 / Sí: 1
Interacción usuario-usuario (interna)	Se evalúa la posibilidad de que los usuarios puedan relacionarse con otros usuarios, internamente, mediante la generación de contenidos visibles para los usuarios de la *app* (comentarios, valoraciones, etc.).	No: 0 / Sí: 1
Socialización (externa)	Se evalúa la capacidad de la *app* para que sus usuarios puedan establecer relaciones con otros usuarios, externamente, a través de medios sociales.	No: 0 / Sí: 1
	En caso positivo (Sí: 1) se analiza si los enlaces son a los perfiles corporativos y/o a los de los usuarios	
	- Corporativos	No: 0 / Sí: 1
	- De los usuarios	No: 0 / Sí: 1
	En ambos casos, se concretan y cuantifican los medios sociales disponibles.	
	- WhatsApp.	No: 0 / Sí: 1
	- Facebook.	No: 0 / Sí: 1
	- Twitter.	No: 0 / Sí: 1
	- Youtube.	No: 0 / Sí: 1
	- Instagram.	No: 0 / Sí: 1
	- Otras (especificar).	No: 0 / Sí: 1

Fuente: Elaboración propia.

5. Resultados

Atendiendo al segundo de los objetivos planteados, los resultados de la investigación muestran una radiografía de la situación actual de las apps de las empresas de franquicia del sector fast food que muestra, tal y como veremos a continuación, resultados dispares entre las marcas analizadas, pero en general un escaso aprovechamiento de las ventajas de las apps como herramienta relacional y colaborativa.

5.1. Interacción usuario-administrador (interna)

Tal y como se observa en el gráfico 1, aproximadamente la mitad de las apps permiten a los usuarios interactuar con sus responsables.

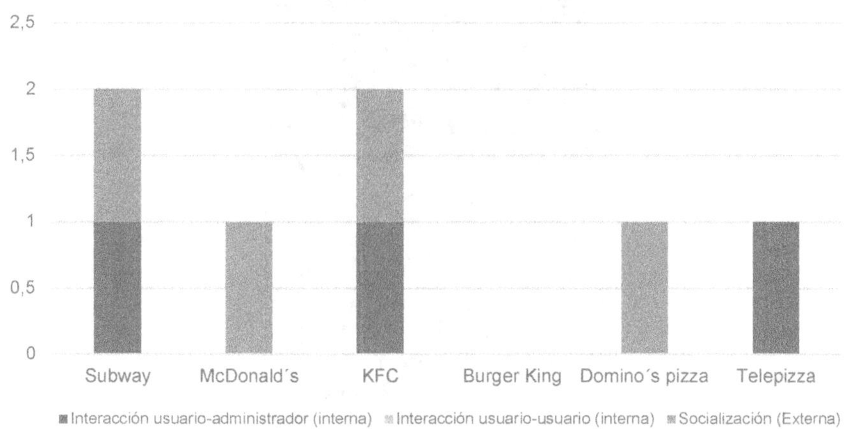

Fuente: elaboración propia.

La interacción se realiza fundamentalmente mediante la valoración de productos y puntos de venta. McDonald´s y KFC permiten valorar el punto de venta, aunque de forma limitada pues solo permiten informar sobre uno en el perfil del usuario. En lo que respecta a la valoración de productos, solo McDonald´s y Domino´s Pizza lo permiten. McDonald´s ofrece en su sección "Ofertas" una subsección denominada como "Mi favorito" aunque no está operativa. Domino´s Pizza permite guardar la información relativa a productos favoritos. Ambas opciones de interacción con los administradores están disponibles para los usuarios registrados, y en el caso de McDonald's también para cualquier usuario. Debemos señalar a este respecto que todas las apps excepto Subway ofrecen la posibilidad de crear tu propio perfil en la app como usuario registrado.

Como particularidades podemos señalar también que, en la app de Telepizza, la sección de contacto con los administradores está incorrectamente etiquetada con el nombre: "Promociones exclusivas". También que KFC ofrece una sección a través de la cual se puede contactar con los administradores y completar una encuesta de opinión (Imagen 1 y 2)

Imagen 1. App KFC. Sección contacto. Captura de pantalla (julio 2017)

Fuente: KFC Restaurants Spain S.L.

Imagen 2. App KFC. Menú con secciones: contacto y encuesta de opinión. Captura de pantalla (julio 2017)

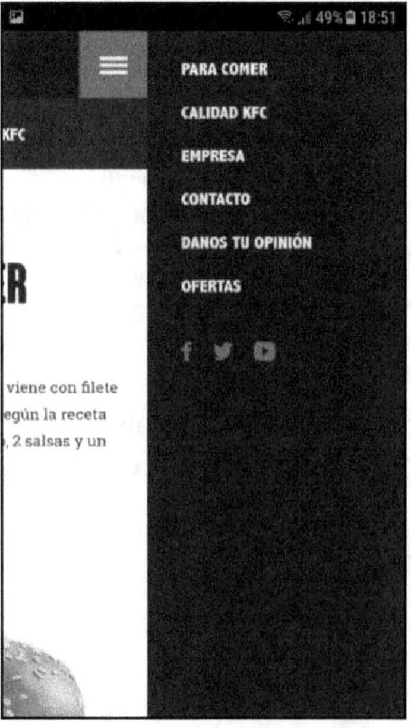

Fuente: KFC Restaurants Spain S.L.

5.2. Interacción usuario-usuario (interna) y socialización (externa)

En lo que respecta a la posibilidad de interacción entre los usuarios de la app, en ninguno de los casos se ofrece la posibilidad de generar comentarios, compartir experiencias, etc., con otros usuarios de la app ni accediendo de manera general, ni como usuario registrado (Gráfico 1).

No obstante, las apps sí facilitan la socialización de los usuarios a través de canales externos, concretamente, redes sociales. Esto es posible en más de la mitad de las apps analizadas: Subway, McDonald´s, KFC y Domino´s Pizza.

En lo concerniente a las redes sociales accesibles desde las apps la más usada es Facebook (4), seguida de Twitter (3), Youtube (2) y WhatsApp, Instagram y Google Plus (1) (Gráfico 2).

Gráfico 2. Socialización: detalle de redes sociales enlazadas desde las apps

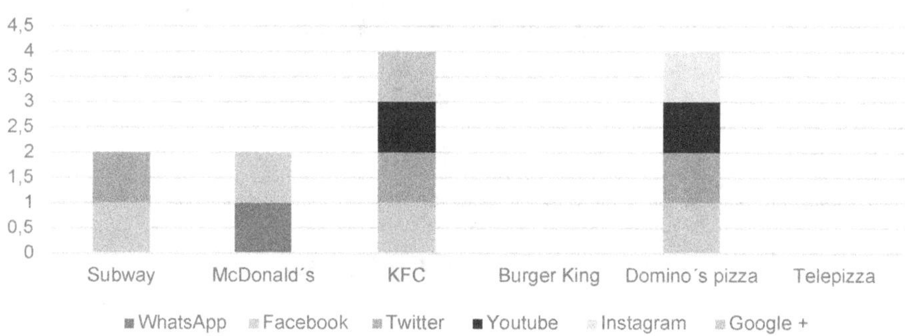

Fuente: elaboración propia.

Subway incorpora enlaces a sus perfiles corportaivos en Facebook y Twitter en todas sus secciones. Del mismo modo KFC integra de forma permanente enlaces a sus perfiles en Facebook, Twitter y Youtube, pero además sus usuarios pueden compartir en sus perfiles propios en Facebook, Twitter y Google Plus la información que consultan sobre productos. También Domino´s Pizza integra enlaces a sus perfiles corporativos en Facebook, Twitter, Youtube e Instagram en todas las secciones que integran la app (Imagen 3). McDonald´s solo permite compartir la localización de sus puntos de venta en los perfiles de cada usuario (Imagen 4).

Imagen 3. App Domino's Pizza. Sección Nuestra carta / Pizzas. Captura de pantalla (julio 2017)

Fuente: Grupo Zena Pizza, S. COM.P.A (GZP)

Imagen 4. App McDonald's España. Sección Resturantes. Ejemplo de opciones de socialización. Captura de pantalla (julio 2017)

Fuente: Restaurantes McDonald's SAU

Se observa, por lo tanto, que a excepción de KFC y McDonald's, las apps integran enlaces a sus perfiles corporativos en las redes sociales, no facilitando que los usuarios usen sus propios perfiles para generar y compartir contenidos con otros usuarios con los que se relacionan.

6. Discusión y conclusiones

El sector de las empresas de franquicia de fast food muestra resultados similares a los observados en otros sectores, una clara integración de las apps en las estrategias de marketing y comunicación, pero una limitada explotación de las posibilidades de los smartphones (Silva et al., 2016) en cuanto a su capacidad relacional. Tal y como señalaban Costa-Sánchez et al. (2016) la preocupación por la tecnología está haciendo que se descui-den aspectos cruciales como los nuevos papeles del consumidor, las nue-vas formas de participación y de consumo social.

Todas las empresas analizadas cuentan con una app, pero, en términos generales, podemos afirmar que las marcas no atienden una de las principales motivaciones de los usuarios: las relaciones sociales (Hsiaoa et al., 2016). En base a la clasificación de estos mismos autores cabe afirmar que las apps analizadas son básicamente informativas y utilitarias (permiten realizar pedidos online y localizar los puntos de venta) pero pocas fomentan las relaciones tanto con los administradores o marca como con otros usuarios a nivel interno y externo.

La interactividad, base para el establecimiento de las relaciones en el ámbito de las apps, aun siendo uno de los rasgos principales de estos dispositivos (Scolari, Navarro Güere, Pardo Kuklinski, García y Soriano, 2009) apenas se potencia en línea con resultados obtenidos en otros sectores (Costa-Sánchez, 2014; Costa-Sánchez et al., 2016; Fernández-Cavia y López, 2013; Silva Rodríguez et al., 2016).

En relación con la interacción usuario-administrador, las opciones habituales se limitan a una valoración de los productos y de los puntos de venta. Ambas requieren de un mayor desarrollo permitiendo a los usuarios expresar comentarios. Tal y como señalan Scolari et al. (2013) las apps deben ser proactivas y valientes y concebirse como plataformas de intercambio de información entre usuarios y administradores y, entre usuarios. Las marcas deben superar el miedo a los comentarios negativos aceptando los roles del consumidor como prosumer y adprosumer (Martínez-Sala, Monserrat-Gauchi y Campillo Alhama, 2017). Además, se requieren canales que permitan establecer una auténtica comunicación bidireccional entre usuario y administrador. Los sistemas de valoración, las encuestas, etc., de gran utilidad para las marcas (Wright, 2006), permiten atender las necesidades, deseos y expectativas de los usuarios, pero, no dialogar y relacionarse con ellos, obviando las bases de las 4 C's de la comunicación móvil (Silva-Rodríguez et al., 2016) y de la comunicación 2.0 (Segarra-Saavedra y Tur-Viñes, 2017). Por otro lado, la interacción usuario-usuario de carácter interno, entre usuarios de las apps, no se posibilita en ninguna de las apps analizadas desaprovechando las ventajas de crear una comunidad en torno a la marca que contribuye a su valor social (Ruiz-del-Olmo y Belmonte-Jiménez, 2014) y a la fidelización y confianza de los consumidores (Rodríguez, Martínez y Luna, 2010). En este sentido las organizaciones deben facilitar y apoyar la creación de comunidades de marca para lo cual es crucial que se incentiven las relaciones a partir de la interacción. Sin embargo, en el ámbito analizado este tipo de relaciones entre usuarios solo se puede establecer a través de enlaces a redes sociales. Esta dimensión de las apps, analizada bajo el parámetro "Socialización" muestra mejores resultados ya que casi todas (66,6%) ofrecen enlaces a redes sociales satisfaciendo una de las motivaciones principales de los usuarios (Hsiaoa et al, 2016). Se distinguen dos formas de uso, las que enlazan con los perfiles de la marca y las que permiten compartir información en los perfiles de los usuarios. Se habilitan de este modo opciones de interacción tanto entre usuarios y administradores, como entre usuarios, aunque fuera de la app. Cabe concluir la conveniencia de integrar ambas fórmulas, así como de ampliar los contenidos para compartir y el número de redes sociales, en línea con las conclusiones de Fernández-Cavia y López (2013). Limitarse a los perfiles corporativos implica una infrautilización del potencial de los usuarios para atraer nuevos usuarios hacia la marca, premisa principal del marketing colaborativo.

Los resultados en el ámbito de las apps no distan mucho de los obtenidos en el de las redes sociales (Marauri Castillo et al., 2015; Monserrat-Gauchi y Martínez-Sala, 2016; Monserrat-Gauchi et al., 2017; Quiles-Soler et al., 2016) revelando una aceptación de la importancia de los canales digitales, su integración en las estrategias de comunicación, pero, una gestión aún incipiente sin explotar todo su potencial comunicativo. Las ventajas de los smartphones, en este sentido deben potenciarse mediante apps adaptadas a las nuevas formas de expresión y consumo de información de los usuarios.

El enfoque relacional de las estrategias comunicacionales solo se logrará mediante la implementación de canales y herramientas que permitan a las marcas relacionarse con sus públicos y a estos entre ellos. En consecuencia, las organizaciones deben brindarles los canales necesarios para que puedan participar e interactuar con sus marcas, productos y servicios favoreciendo así unas relaciones personalizadas que generen engagement (Campillo Alhama, Ramos Soler y Castelló Martínez, 2014). Además, posibilitar la interacción usuario-usuario y usuario-marca juega un papel clave en la construcción de la comunidad cuando logra establecer entre ambos una auténtica relación personal. Esto se debe a que el vínculo emocional derivado, se potencia cuando es compartido por los miembros de una comunidad (Marauri Castillo et al., 2010).

Por todo ellos las organizaciones deben seguir experimentando y analizando la respuesta de los usuarios a sus iniciativas (Silva Rodríguez et al., 2016). En este sentido se han propuesto y descrito anteriormente, a partir de los resultados de la investigación realizada, una serie de premisas esenciales desde las que abordar con garantías de éxito el desarrollo de apps relacionales, cumpliendo así el último objetivo de esta investigación.

Pese a la consecución de todos los objetivos planteados esta investigación no está exenta de limitaciones que sientan las bases de las siguientes fases de este estudio. Una vez analizadas las apps, entendemos necesario complementar estos resultados cuantitativos con un análisis cualitativo que profundice en las motivaciones específicas de los usuarios en relación a las apps analizadas. También, ampliar la muestra para realizar comparaciones con apps de otros sectores y, del mismo sector, pero de otros países. El análisis cualitativo y comparativo confirmará la importancia que los usuarios dan a la capacidad relacional en las apps de marca concretando en mayor medida las directrices a seguir en orden a lograr diseñar apps acordes a sus necesidades y que potencien las ventajas que como prosumer y adprosumer ofrecen a las marcas.

Referencias bibliográficas

Asociación para la Investigación de Medios de Comunicación (2017). 19º Navegantes en la Red. Recuperado de https://goo.gl/BHeBJa

Batthyány, K. y Cabrera, M. (2011). Metodología de la investigación en Ciencias Sociales. Apuntes para un curso inicial. Montevideo: Universidad de la República.

Bermejo Berros, J. (2008). El receptor publicitario del siglo XXI en el marco de la interactividad: entre el consumer y el prosumer. En M. Pacheco Rueda (Coord.). La publicidad en el contexto digital (pp. 49-78). Sevilla: Comunicación Social.

Campillo Alhama, C., Ramos Soler, I., y Castelló Martínez, A. (2014). La gestión estratégica de la marca en los eventos empresariales 2.0. ADResearch, 10(10), pp. 52-73. doi: 10.7263/ADRESIC.010.003

Capriotti, P. (2013). Planificación Estratégica de la Imagen Corporativa. Málaga: Instituto de Investigación en Relaciones Públicas, IIRP

Caro, J.L., Luque, A., y Zayas, B. (2015). Nuevas tecnologías para la interpretación y promoción de los recursos turísticos culturales. Pasos Revista de Turismo y Patrimonio cultural, 13(4), pp. 931-945.

Castelló Martínez, A., del Pino Romero, C., y Ramos-Soler, I. (2014). Twitter como canal de comunicación corporativa y publicitaria. Comunicación y Sociedad, XXVII (2), pp. 21-54.

Cortés, M. (2009). Bienvenido al nuevo marketing. En E., San Agustín (Ed.). Del 1.0 al 2.0: Claves para entender el nuevo marketing (pp. 6-23). España: Bubok Publishing. Recuperado de https://goo.gl/XQXgqB

Costa-Sánchez, C. (2014). Las singularidades del medio móvil: integración multimedia, personalización, geolocalización y participación. Estudio de su presencia en las apps de la prensa española. Palabra Clave, 17(3), pp. 672-694. doi: 10.5294/pacla.2014.17.3.5

Costa-Sánchez, C., Rodríguez-Vázquez, A. I., y López-García X. (2016). Dispositi-vos móviles: el nuevo reto para la industria de la prensa y del libro en España. Palabra Clave, 19(2), pp. 526-555. doi: 10.5294/pacla.2016.19.2.8

Franquicia Directa (2003-2017). Listado de Franquicias Top 500. En Franquicia Directa. Recuperado de https://goo.gl/5s6sPK

Fernández-Cavia, J. y López, M. (2013). Communication, destination brands and mobile applications. Communication&Society/Comunicación y Sociedad, 26(2), 95-113.

Gobierno de España, Ministerio de Economía y Competitividad (s.f). En Registro de franquiciadores. Recuperado de https://goo.gl/1qYK3g

Hsiaoa, C.H., Changb, J.J., y Tangc, K.I. (2016). Exploring the influential factors in continuance usage of mobile social Apps: Satisfaction, habit, and customer value perspectives. Telematics and Informatics, 33(2), 342-355

Islam, M.Z., Low, P.K.C., y Hasan, I. (2013). Intention to use advanced mobile phone services (AMPS). Management Decision, 51(4), pp. 824–838. doi: 10.1108/00251741311326590

Institute Advertising Bureau Spain (2016). Estudio mobile 2016. Recuperado de https://goo.gl/hc3w5v

Institute Advertising Bureau Spain, (2017). Estudio anual de Redes Sociales 2017. Recuperado de https://goo.gl/CDXb8f

Kim, J., Park, Y., Kim, C., y Lee, H. (2014). Mobile application service networks: Apple's APP store. Service Business, 8(1), pp. 1–27. doi: 10.1007/s11628-013-0184-z

Lacalle, Ch. (2011). La ficción interactiva: Televisión y Web 2.0. Ámbitos, 20, 87-107.

Levine, F., Locke, C., Sears, D., y Weinberger, D. (2008). El manifiesto Cluetrain. El ocaso de la empresa convencional. Barcelona: Deusto.

Marauri Castillo, I., Pérez Dasilva, J.A., Rodríguez González, M.M. (2015). La búsqueda de la comunidad de marca en las redes sociales. Los casos de Telepizza, Vips y Burger King. Trípodos, (37), pp. 133-149.

Marfil-Carmona, R., Hergueta Covacho, E., y Villalonga Gómez, C. (2015). El factor relacional como elemento estratégico en la comunicación publicitaria. Anàlisi. Quaderns de Comunicació i Cultura, 52, 33-46.

Martínez-Sala, A.M., y Campillo Alhama, C. (2018). El video como soporte en la narrativa digital de los eventos turísticos 2.0. Miguel Hernández Com-munication Journal, 9(1), 227 a 260. doi: 10.21134/mhcj.v0i9.230

Martínez-Sala, A.M., Montserrat-Gauchi, J., y Campillo-Alhama, C. (2017). The relational paradigm in the strategies used by destination marketing or-ganizations. Revista Latina de Comunicación Social, 72, pp. 374-396. doi: 10.4185/RLCS-2017-1170

Monroy, M.F.; Alzola, L.M. (2005). An analysis of quality management in fran-chise system. European Journal of Marketing, 39(5/6), pp. 585-605. doi: 10.1108/03090560510590728

Monserrat-Gauchi, J. y Martínez-Sala A.M. (2016). Cambio de paradigma en la interacción de las empresas con sus públicos. La generación de contenidos a través de Facebook. En K., Matilla (Coord). Casos de estudio de Relaciones Públicas. Sociedad conectada: empresas y universidades (pp.59-85). Barcelona: Editorial UOC

Monserrat-Gauchi, J., Quiles-Soler, M.C. y González-Diaz, C. (2014). La innova-ción en las estrategias para la captación de franquiciados. Palabra Clave, 17(2), pp. 517-545. Doi: 10.5294/pacla.2014.17.2.9

Monserrat-Gauchi, J., Quiles-Soler, M.C. y Martínez-Sala, A.M. (2017). La partici-pación ciudadana en la comunicación de las organizaciones. Análisis de las franquicias de salud-belleza, decoración y restauración. Prisma Social, 18, pp. 540-560. Recuperado de https://goo.gl/fZByv9

Nafría, I. (2008). Web 2.0 El usuario, el nuevo rey de Internet. 4ª ed. Barcelona, Ediciones Gestión 2000 – Planeta DeAgostini Profesional y formación S.L, Gestión 2000.

Noh, M.J., y Lee, K.T. (2016). An analysis of the relationship between quality and user acceptance in smartphone apps. Information Systems and e-Business Management, 14(2), pp. 273-291. doi: 10.1007/s10257-015-0283-6

Oliveira, A.; Capriotti, P.; y Matilla, K, (2015). Concepción y gestión estratégica de los públicos en las empresas del sector energético de España. Communication & Society, 28 (1), 79-92. doi: 10.15581/003.28.1.sp.79-92

Park, L., Baek, S., Ohm, J., y Chang, H.J. (2014). Determinants of player ac-ceptance of mobile social network games: an application of extended technology acceptance model. Telematics and Informatics, 31(3), pp. 3–15. doi: 10.1016/j.tele.2013.07.001

Peña Acuña, B., y Batalla Navarro, P. (2016). Dirección de comunicación y habili-dades directivas. Madrid: Editorial Dikynson S.L

Pérez, A. y Massoni, S. (2009). Hacia una teoría general de la estrategia. Barce-lona: Ariel.

Piñeiro-Otero, T. (2015). De la radio convencional a la móvil. Usabilidad, multi-medialidad y distribución de contenidos en las radioAPPs portuguesas. Observatorio (OBS*), 9(3), 47-66. doi: 10.15847/obs-OBS932015836

Quiles-Soler, M. C., Martínez-Sala, A. M. y Monserrat-Gauchi, J. (2016). Gestión de la comunicación on-line en la empresa de franquicia. El uso de Facebook en el sector 'servicios'. Sphera Publica, 1(16), 61-76. Recuperado de https://goo.gl/6kQNwJ

Rodríguez, I., Martínez, F.J., y Luna, P. (2010). Going with the Consumer towards the Social Web Environment: A Review of Extant Knowledge. International Journal of Electronic Marketing and Retailing, 3(3), 415-440. Recuperado de https://goo.gl/L6Aatp

Ruiz-del-Olmo, F.J., y Belmonte-Jiménez, A.M. (2014). Los jóvenes como usuarios de aplicaciones de marca en dispositivos móviles. Comunicar, XXI (43), 73-81. doi: 10.3916/C43-2014-07

Sabater Fernández, C., Martínez Lorea, I., y Campión R.S. (2017). La Tecnosocialidad: El papel de las TIC en las relaciones sociales. Revista Latina de Comunicación Social, 72, 1.592 a 1.607. doi: 10.4185/RLCS-2017-1236

Scolari, C.A., Guerrero, M., López, M. y Fernández Cavia, J. (2013) Aplicaciones móviles de los destinos turísticos españoles. Recuperado de https://goo.gl/ixRJ5e

Scolari, C.A., Navarro Güere, H., Pardo Kuklinski, H., García, I., y Soriano, J. (2009) Comunicación móvil: actores y producción de contenidos en Cataluña. Comunicación y Sociedad, 22(2), pp. 159-186. Recuperado de https://goo.gl/yiY1Aa

Segarra-Saavedra, J., y Tur-Viñes, V. (2017). Creatividad publicitaria: marcas vs prosumer amateur. La viralidad del spot de Eugen Merher para Adidas. En I. García-Medina y V. Tur-Viñes (Coords.), Diálogos bilaterales entre investigadores de la Glasgow Caledonian University (Reino Unido) y la Universidad de Alicante (España). Estudios interdisciplinares (pp. 175-184). Alicante: Colección Mundo Digital de Revista Mediterránea de Comunicación doi: 10.14198/MEDCOM/2017/10_cmd.

Serrano Cobos, J. (2006). Pasado, presente y futuro de la Web 2.0 en servicios de información digital. BiD: textos universitaris de biblioteconomia i documentació. Facultat de biblioteconomia i Documentació, Universitat de Barcelona, (17). Recuperado de https://goo.gl/Pd5N5K

Silva Rodríguez, A., López García, X., Westlund, O., y Ulloa Erazo, N.G. (2016). Iniciativas en la comunicación móvil: Mapeo de los canales, el contenido, la conversación y el comercio en Europa y los EE.UU. Observatorio (OBS*), 10(1), pp. 201-217. doi: 10.15847/obsOBS1012016889

Toffler, A. (1980): La tercera ola. España: Plaza & Janés.

Tormo Franquicias Consulting (2015). Informe Hostelería & Restauración 2015. Recuperado de https://goo.gl/Z7njB5

Tormo Franquicias Consulting (2017). La situación de la franquicia en España. Perspectivas 2017. Recuperado de https://goo.gl/mT2ddX

Torrejón, R., y Ramos, G. (2016, 13 enero). El auge de la comida rápida en España. En Variación 21. Periodismo de calidad en Internet. Recuperado de https://goo.gl/CrNPUy

Verkasalo, H., López-Nicolás, C., Molina-Castillo, F.J., y Bouwman, H. (2010). Analysis of users and non-users of smartphone applications. Telematics and Informatics, 27(3), pp. 242–255. doi: 10.1016/j.tele.2009.11.001

Wright, J. (2006). Blog marketing: la nueva y revolucionaria forma de incre-mentar las ventas, construir su marca y obtener resultados excepciona-les. México D.F.: Mcgraw-Hill Interamericana.

Zerfass, A., Verhoeven, P., Moreno, A., Tench, R., y Verčič, D. (2016). European Communication Monitor 2016. Exploring trends in big data, stakeholder engagement and strategic communication: Results of a survey in 43 Countries. Recuperado de https://goo.gl/bmfr4m

INCLUSIÓN DE TELEVISIÓN, RADIO Y CONTENIDOS MULTIMEDIA EN LAS APLICACIONES MÓVILES OFICIALES DE LOS CLUBES DE FÚTBOL

Dr. Rafael Cano Tenorio
Universidad de Cádiz, España

Resumen

La radio, la televisión, y los contenidos multimedia, son empleados por los clubes de fútbol de élite, como medios esenciales a la hora de dirigirse a sus seguidores y simpatizantes, siendo una parte fundamental de la comunicación y abriendo nuevas posibilidades, a través de las posibilidades que ofrecen las aplicaciones móviles oficiales de estas entidades, que son también un medio que ayuda a cumplir con los objetivos de los mismos, más allá de la web 2.0 y las cuentas oficiales en redes sociales que gestionan los profesionales de los departamentos de comunicación de los clubes. Los medios analizados, funcionan para que estas entidades mantengan el seguimiento mediático y la repercusión en sus diferentes públicos. La metodología del estudio, se ha basado en el método hipotético-deductivo, utilizando fundamentalmente la técnica del análisis de contenido, y clasificando la utilización o no, de la televisión online, la radio online, o los contenidos multimedia, como secciones de la aplicación móvil oficial de los clubes de fútbol seleccionados en la muestra de la investigación. Los resultados muestran grandes diferencias en la utilización de estos novedosos contenidos por parte de estas entidades del mundo del deporte. El estudio puede resultar de gran interés para el desarrollo y la gestión estratégica de la comunicación móvil en las organizaciones del mundo del fútbol.

Palabras claves

comunicación organizacional, comunicación móvil, televisión, fútbol, análisis de contenido

1. Televisión, radio y contenidos multimedia en los clubes de fútbol

La televisión y radio, como medios de comunicación, son importantes en los clubes de fútbol de élite, integrándose en los últimos tiempos en la comunicación digital de estas entidades deportivas. En el desarrollo de la comunicación móvil, se ha avanzado, convirtiéndose una herramienta que ofrece grandes posibilidades a los clubes de fútbol, y permitiendo el desarrollo de los departamentos de comunicación de las entidades, para conseguir alcanzar con mayor facilidad los objetivos propuestos.

Los clubes de fútbol profesionales cuentan con sus propios departamentos de comunicación, y cuentan con personal profesional encargado de la comunicación en los. A pesar de lo expuesto, Arceo (2003) señala que puede observarse que, además de no haber mucho personal especializado que trabaja es esos departamentos, tampoco hay unaminidad en cuanto a la denominación de los departamentos y de sus responsables.

Sobre los objetivos de la comunicación de los clubes de fútbol profesionales españoles hay que señalar la importancia de la internacionalización de las respectivas marcas de los clubes y la fidelización de los seguidores. Al respecto, hay que señalar: "La comunicación de los clubes de fútbol españoles tiene dos objetivos esenciales en este inicio de siglo XXI: la expansión internacional de algunas (pocas) marcas (Barça o Real Madrid) y el refuerzo de la fidelidad de los aficionados". (Ginesta, 2010, p.161). En este sentido la comunicación móvil puede jugar un papel primordial en el desarrollo de dichos objetivos.

Uno de los principales objetivos de los clubes de fútbol de élite de España, en los últimos años, ha sido la creación de secciones femeninas, con el fin de competir en la recientemente creada Liga Iberdrola, la máxima categoría femenina del balompié nacional. El deporte femenino actualmente crece en relación al masculino en España, pues según apunta Barbero (2016:134) "En el siglo XXI las mujeres ya se han superado casi todos los complejos y dificultades del pasado y se han ido convirtiendo, poco a poco, en el referente del deporte español en cuanto a resultados".

Actualmente la mayoría de clubes que tradicionalmente han militado en la máxima categoría masculina, cuentan ya con sección femenina, aunque quedan casos como el del Real Madrid Club de Fútbol, que aún, para la temporada 2017/18, no ha anunciado oficialmente la creación de la misma.

En este sentido, según apunta Sainz de Baranda (2013) las diferencias de sexo y de género han determinado a lo largo de la historia que la mujer se haya visto relegada de muchas actividades sociales, incluido el deporte. Según De Casas, Rodríguez y Aguaded (2017:148): "Es imperante la necesidad de abordar el papel femenino para comprender la información transmitida, en concreto en la prensa deportiva, por los medios de comunicación y su influencia en la opinión pública".

1.2. Importancia del desarrollo de la comunicación móvil en los clubes de fútbol

La comunicación digital es uno de los temas más estudiados en los últimos años en la investigación científica de la comunicación. Existen diferencias que se presentan en la gestión de la comunicación entre grandes clubes profesionales de fútbol y pequeños clubes de fútbol en categorías más modestas, pues entre unos y otros no se le da la misma importancia a la comunicación, es un hecho constatable en los departamentos de comunicación que tienen unos u otros.

Los estudios sobre la comunicación deportiva en el medio Internet han aumentado en la comunidad científica de manera considerable en los últimos años. Esta tendencia al alza resalta el interés social que adquiere esta forma de comunicación en sus diferentes vertientes de estudio. Por esta razón, Alonso y Avalos (2013:40) señalan que "el estudio de los medios de comunicación (*media studies*) y del deporte como objeto de estudio en el campo de la comunicación son dos tendencias de investigación que no han dejado de crecer".

Castillo, Fernández y Castillero (2016), postulan que las entidades con mayores ingresos del mundo desarrollan una estrategia de comunicación 2.0 en la mayor parte de las redes sociales existentes. En general, muestran una adaptación adecuada a la creación de las redes sociales y a las plataformas de la comunicación digital.

La comunicación móvil ha sido una de las partes de la comunicación digitales con más

posibilidades de desarrollo en los últimos años en los clubes de fútbol profesionales, federaciones de fútbol nacionales y confederaciones de fútbol. Según Romero, Torres y Aguaded (2016), Internet y sus múltiples plataformas de intercambio, como las aplicaciones móviles, van acaparando paulatinamente una mayor atención en el usuario convirtiéndose en extensiones de sus hábitos.

Hasta el año 2010, los clubes de fútbol profesionales españoles eran reacios a implementar la comunicación móvil como servicio a los simpatizantes o aficionados: "Hay clubes y SAD, pero, que son más reticentes a la hora de implementar servicios a móviles. El AC Osasuna y el Deportivo de la Coruña son escépticos al pensar que no tendrán suficiente masa crítica para hacerlos viables económicamente". (Ginesta, 2010, p.159).

1.3. Los públicos de los clubes de fútbol en el entorno digital

Dentro de la gestión y el desarrollo de aplicaciones móviles por parte de los responsables de la gestión de la comunicación en los clubes de fútbol profesionales y federaciones de fútbol nacionales se debe tener en cuenta especialmente la relación con los públicos. Uno de los objetivos más importantes de los clubes profesionales de fútbol en el S.XXI es la fidelización de los seguidores y simpatizantes, y en este sentido, las redes sociales juegan un papel esencial en dicho objetivo.

Existen sectores de aficionados y seguidores de entidades del mundo del fútbol que son contrarias a la implantación de las nuevas tecnologías como herramienta para relación entre la institución y la afición, en este sentido Hutchins (2016) identifica protestas de este tipo en el *Philips Sport Vereniging NV*, uno de los clubes de fútbol más seguido de Países Bajos, trasladándose una protesta similar a entidades deportivas y clubes de España, Inglaterra, Italia, Alemania, Francia, Brasil, Uruguay, Rumanía, Noruega, República Checa, Eslovaquia, Estados Unidos y Australia.

Los clubes de fútbol profesionales presentan una gran cantidad de públicos. Sobre los gabinetes de comunicación de los clubes de fútbol profesionales y su relación con las diferentes clases de públicos, Olabe (2010) apunta que estos departamentos conceden importancia a realizar acciones comunicativas para públicos externos, internos e intermedios, aunque los medios de comunicación son el público más importante de estas instituciones por su condición de canales ante el resto de públicos objetivos.

La relación de los clubes profesionales de fútbol con sus públicos ha cambiado desde la aparición de las nuevas tecnologías de la comunicación. En este sentido, Olabe (2012:280) señala que las relaciones entre las entidades deportivas, los medios de comunicación y las audiencias de esos deportes se han modificado con la aparición de la Web 2.0 y sus plataformas sociales, donde las audiencias, ya sean socios, aficionados, seguidores u otros públicos de las organizaciones deportivas no solo interactúan, sino que también actúan como generadoras de contenidos relacionados con esas entidades.

Los medios de comunicación es uno de los públicos externos a los que los clubes de fútbol de élite se dirigen. Sobre la relación con los medios de comunicación, Castillo (2010:105), señala que en el ámbito de las relaciones públicas externas, las relaciones con los medios de comunicación se han venido presentando casi como la actividad fundamental. Aunque eso es cierto, no lo es en su totalidad, porque las relaciones con los medios son una de las facetas más importantes en la comunicación, pero ni la exclusiva ni se agota en ella.

Los clubes profesionales de fútbol se relacionan en el entorno digital con grupos diferentes de receptores. Sobre la repercusión de emitir mensajes a grandes grupos de personas receptoras, Cancelo y Almansa (2013:426) señalan que la universalización de la posibilidad de ser emisor de mensajes que lleguen a grupos numerosos a través de Internet ha provocado la ruptura del esquema tradicional de emisor-receptor.

La buena gestión de la comunicación al dirigirse a los públicos puede ayudar a mejorar la gestión económica de los clubes profesionales de fútbol. Olabe (2010:97) apunta que la comunicación interactiva en los clubes de fútbol responde a características diferentes a la empleada en otros sectores empresariales. Los destinatarios de esta comunicación son, fundamentalmente, seguidores, con fuerte arraigo, compromiso e identificación con estas entidades. Los clubes ya no pueden sobrevivir con la venta de entradas o de abonos. Las necesidades económicas de un club profesional sólo se pueden cubrir con la imaginación de nuevas fórmulas de conseguir recursos atípicos.

2. Método

Las aplicaciones móviles que se analizan en la investigación son las desarrolladas para dispositivos *Android*. El período de en el que se ha realizado el análisis ha sido en enero de 2018.

La metodología de investigación ha seguido la siguiente plantilla de análisis:

I. Acceso a la URL de la web oficial de cada club de fútbol profesional seleccionado para el análisis de esta investigación, y una vez realizada la carga de la misma se ha accedido mediante enlace a la página oficial que enlaza con la descarga en la *Play Store* de aplicaciones móviles para dispositivos con sistema operativo *Android*. Dicho enlace aparece en la página principal de la web o en la sección de redes sociales habilitada en la dicha web.

II. Para el registro correspondiente, se ha anotado en primer lugar el título, la dirección URL de la web oficial de cada club, la fecha y la hora de la registro de la misma.

III. Registro de clubes de fútbol con aplicación móvil oficial para dispositivos *Android*.

IV. Instalación y ejecución del *software* de la aplicación móvil de cada club que posee.

V. Anotación del número y tipología de secciones que dispone la aplicación móvil.

VI. Introducción de los datos obtenidos en hojas de cálculo.

VII. Clasificación y redacción de resultados de la investigación.

2.1. Muestra de la investigación

El presente estudio tiene como fin el análisis de la gestión de las aplicaciones móviles oficiales de los clubes de fútbol de primera división femenina, y primera y segunda división masculina en la temporada 2017/18.

Los clubes de primera división femenina, analizados, y pertenecientes a La Liga Iberdrola, son: Fundación Albacete Nexus, Athletic Club Femenino, Club Atlético de Madrid Féminas, Fútbol Club Barcelona Femenino, Granadilla Tenerife Sur, Levante Unión Deportiva Femenino, Madrid Club de Fútbol Femenino, Rayo Vallecano de Madrid Femenino, Real Club Deportivo Espanyol de Barcelona, Real Betis Balompié Femenino, Real Sociedad de Fútbol, Club Deportivo Santa Teresa, Sevilla Fútbol Club Femenino, Sporting de Huelva, Valencia Club de Fútbol Femenino y Zaragoza Club de Fútbol Femenino.

Los clubes de primera división masculina analizados, pertenecientes a La Liga Santander, son: Deportivo Alavés, S.A.D., Athletic Club, Club Atlético de Madrid, S.A.D., Fútbol Club Barcelona, Real Club Deportivo Celta de Vigo, S.A.D., Real Club Deportivo de la Coruña, S.A.D., Sociedad Deportiva Eibar, S.A.D., Real Club Deportivo Espanyol de Barcelona, S.A.D., Getafe Club de Fútbol, S.A.D., Girona Fútbol Club, S.A.D., Unión Deportiva Las Palmas, S.A.D., Club Deportivo Leganés, S.A.D., Málaga Club de Fútbol, S.A.D., Real Sociedad de Fútbol, S.A.D., Real Betis Balompié, S.A.D., Real Madrid Club de Fútbol, Sevilla Fútbol Club, S.A.D., Valencia Club de Fútbol, S.A.D. y Villarreal Club de Fútbol, S.A.D.

Por último, los clubes de segunda división analizados, en categoría masculina, son: Albacete Balompié, S.A.D, Asociación Deportiva Alcorcón, S.A.D., Unión Deportiva Almería, S.A.D., Fútbol Club Barcelona "B" (perteneciente al Fútbol Club Barcelona), Cádiz Club de Fútbol, S.A.D., Córdoba Club de Fútbol, S.A.D., Cultural y Deportiva Leonesa, S.A.D., Gimnàstic de Tarragona, S.A.D., Granada Club de Fútbol, S.A.D., Sociedad Deportiva Huesca, S.A.D., Lorca Fútbol Club, S.A.D., Club Deportivo Lugo, S.A.D., Club Deportivo Numancia de Soria, S.A.D., Club Atlético Osasuna, Rayo Vallecano de Madrid, S.A.D., Real Oviedo S.A.D., Real Sporting de Gijón, S.A.D., Real Valladolid S.A.D., Real Zaragoza S.A.D., Reus Deportiu, S.A.D., Sevilla Atlético (perteneciente al Sevilla Fútbol Club, S.A.D.) y Club Deportivo Tenerife, S.A.D..

2.2. Categorización de los datos obtenidos

Según Andréu (2002), el proceso de clasificar elementos en categorías impone buscar lo que cada uno de ellos tienen en común con los otros. En este sentido, se ha clasificado en fichas de análisis las categorías de cada aplicación móvil analizada, anotándose si posee o no cada categoría que se tiene en cuenta en la investigación, que son las siguientes:

- Existencia de aplicación móvil oficial como herramienta de comunicación: si la entidad dispone de este medio para el desarrollo de la comunicación digital que realizan.

- Contenido multimedia: la aplicación móvil oficial dispone de acceso a contenidos multimedia relacionados con la entidad.

- Radio Oficial: existencia de enlace a radio oficial del club en la aplicación móvil.

- Televisión Oficial: existencia de enlace a televisión oficial del club en la aplicación móvil.

- Configuración: posibilidad de configuración de la aplicación móvil.

- Es importante considerar, que en algunos casos, pueden estar incluidas varias secciones en una sola.

3. Resultados

3.1. Desarrollo de aplicaciones móviles oficiales en clubes de fútbol de élite de España

El 43,7% de clubes femeninos de primera división, que militan en "La Liga Iberdrola 2017/18", tienen aplicación móvil oficial, lo que supone un total de 7 clubes: Athletic Club, Club Atlético de Madrid Femenino, Levante Unión Deportiva SAD, Rayo Vallecano de Madrid SAD, Real Betis Balompié Féminas, Sevilla Fútbol Club SAD y Valencia Club de Fútbol Femenino. Sólo 2 clubes tienen a la sección femenina como una sección a la misma altura de importancia informativa que la masculina.

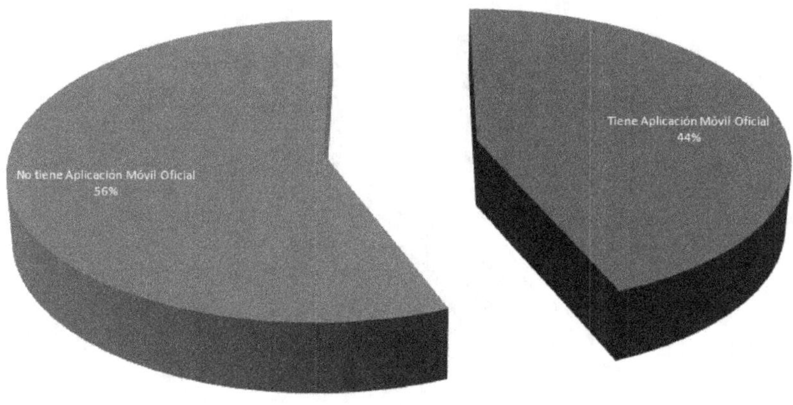

Fuente: elaboración propia.

En lo que respecta a la primera división masculina, el 60% de clubes de "La Liga Santander 2017/18" tienen aplicación móvil oficial, lo que supone un total de 12 clubes: Athletic Club, Club Atlético de Madrid SAD, Fútbol Club Barcelona, Getafe Club de Fútbol SAD, Girona Fútbol Club SAD, Levante Unión Deportiva SAD, Málaga Club de Fútbol SAD, Real Betis Balompié SAD, Real Madrid Club de Fútbol, Sevilla Fútbol Club SAD, Valencia Club de Fútbol SAD y Villarreal Club de Fútbol SAD.

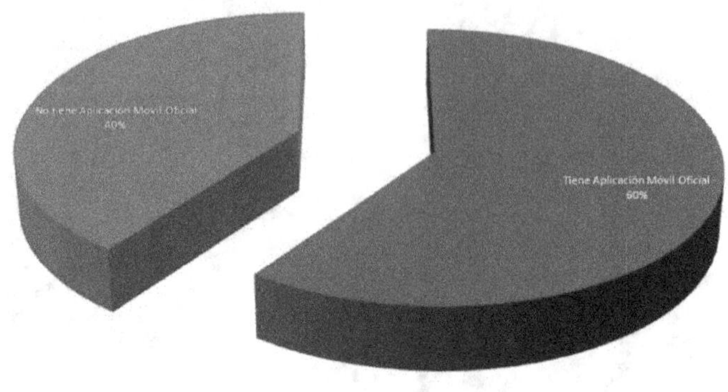

Fuente: elaboración propia.

En segunda división masculina, el 22,7 % de clubes de "La Liga 1,2,3..." tienen activas una aplicación móvil oficial como herramienta de comunicación, lo que supone un total de 5 clubes: Agrupación Deportiva Alcorcón SAD, Cádiz Club de Fútbol SAD, Córdoba Club de Fútbol SAD, Rayo Vallecano de Madrid SAD y Sevilla Atlético.

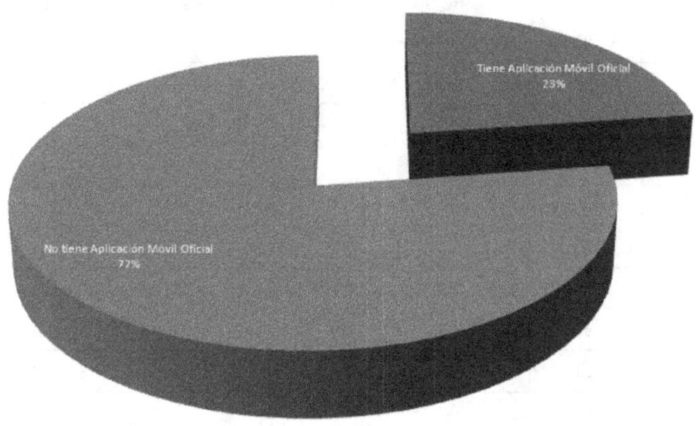

Fuente: elaboración propia.

3.2. Secciones en las aplicaciones móviles oficiales de los clubes de fútbol

A continuación se presentan los resultados de las secciones que contienen las aplicaciones móviles de los clubes analizados, separados según la categoría en las que compiten las entidades.

3.2.1. Secciones en las aplicaciones móviles de clubes de la primera división femenina

Tabla 1. Secciones de las aplicaciones móviles oficiales de los clubes de primera división femenina.

Club	App Oficial	Contenido Multimedia	Radio	Televisión	Configuración
Athletic Club	Si	No	No	Si	Si
Atlético de Madrid	Si	No	No	No	Si
CD Santa Teresa	No	-	-	-	-
Fundación Albacete	No	-	-	-	-
FC Barcelona	No	-	-	-	-
Levante UD	Si	No	Si	No	No
Madrid CFF	No	-	-	-	-
Rayo Vallecano	Si	No	Si	No	No
RCD Espanyol	No	-	-	-	-
Real Betis Féminas	Si	No	Si	Si	No
Real Sociedad	No	-	-	-	-
Sevilla FC	Si	Si	Si	Si	Si
Sporting Huelva	No	-	-	-	-
UD Granadilla Tenerife	No	-	-	-	-
Valencia CF Femenino	Si	Si	No	Si	Si
Zaragoza CFF	No	-	-	-	-

Fuente: elaboración propia.

Ninguna aplicación móvil analizada requiere de registro previo para el acceso a la misma. Generalmente en esta categoría, las aplicaciones analizadas presentan pocas secciones, coincidiendo ambas en contar con menú principal y acceso a la radio oficial del club. A pesar de no contar con sección específica de la sección femenina, las aplicaciones del Real Betis Féminas y Rayo Vallecano de Madrid SAD muestran información, a través de los enlaces a sus respectivas radios oficiales, de la sección femenina de cada club.

Con respecto a Fútbol Club Barcelona tiene aplicación móvil oficial, pero en la misma no se ofrece ningún contenido sobre la sección femenina, por lo que se considera que la misma no tiene aplicación móvil oficial.

3.2.2. *Secciones en las aplicaciones móviles de clubes de la primera división masculina*

Tabla 2. Secciones de las aplicaciones móviles oficiales de los clubes de primera división masculina.

Club de Fútbol	App Oficial	Contenido Multimedia	Radio	Televisión	Configuración
Athletic Club	Si	No	No	Si	Si
Atlético de Madrid	Si	No	No	No	Si
CD Leganés	No	-	-	-	-
Celta de Vigo	No	-	-	-	-
Deportivo Alavés	No	-	-	-	-
Eibar	No	-	-	-	-
Espanyol	No	-	-	-	-
FC Barcelona	Si	Si	No	No	Si
Getafe CF	Si	No	No	No	No
Girona FC	Si	Si	No	No	No
Levante UD	Si	No	Si	No	No
Málaga CF	Si	No	No	No	Si
RC Deportivo	No	-	-	-	-
Real Betis	Si	No	Si	Si	No
Real Madrid	Si	No	No	Si	Si
Real Sociedad	No	-	-	-	-
Sevilla FC	Si	Si	Si	Si	Si
UD Las Palmas	No	-	-	-	-
Valencia CF	Si	Si	No	Si	Si
Villarreal CF	Si	Si	Si	Si	Si

Fuente: elaboración propia.

Sólo tres aplicaciones (las del Club Atlético de Madrid SAD, Fútbol Club Barcelona y Real Madrid Club de Fútbol) tienen la necesidad obligatoria, por parte del usuario que acceda a la misma, de realizar el registro previo, lo que supone un 25% del total. El 100% de aplicaciones móviles analizadas cuentan con menú principal, el 75% con sección de resultados, mientras que el 66% de las mismas dispone de sección de noticias, plantilla con las fichas de los jugadores, y posibilidad de obtener productos oficiales, a través de sus respectivas tiendas oficiales. El 58,3% ofrece la posibilidad de obtener información relacionada con la venta de entradas para asistir a los partidos que disputen, El 41,6% cuenta con sección multimedia, enlaces a redes sociales, y con información de la academia y los jugadores de la cantera, mientras que el 33% con información sobre la sección femenina y la afición. Sólo Real Madrid Club de Fútbol y Club Atlético de Madrid SAD cuentan con una sección específica con información relacionada sobre sus respectivos estadios.

3.2.3. *Secciones en las aplicaciones móviles de clubes de la segunda división masculina*

Tabla 3. Secciones de las aplicaciones móviles oficiales de los clubes de segunda división masculina.

Club de Fútbol	App Oficial	Contenido Multimedia	Radio	Televisión	Configuración
AD Alcorcón	Si	Si	No	No	No
Albacete Balompié	No	-	-	-	-
Cádiz CF	Si	Si	No	No	No
CD Lugo	No	-	-	-	-
CD Numancia	No	-	-	-	-
CD Tenerife	No	-	-	-	-
Córdoba CF	Si	Si	No	No	No
Cultural Leonesa	No	-	-	-	-
FC Barcelona "B"	No	-	-	-	-
Gimnàstic Tarragona	No	-	-	-	-
Granada CF	No	-	-	-	-
Lorca FC	No	-	-	-	-
Osasuna	No	-	-	-	-
Rayo Vallecano	Si	No	Si	No	No
Reus Deportiu	No	-	-	-	-
Real Oviedo	No	-	-	-	-
Real Sporting	No	-	-	-	-
Real Valladolid	No	-	-	-	-
Real Zaragoza	No	-	-	-	-
SD Huesca	No	-	-	-	-
Sevilla Atlético	Si	Si	Si	Si	Si
UD Almería	No	-	-	-	-

Fuente: elaboración propia.

Ningún club de esta categoría, requiere en su aplicación móvil oficial, de la necesidad por parte del usuario de registrarse previamente, para acceder a la misma. El 100% de las aplicaciones analizadas cuentan con menú principal, que permite acceder al resto de categorías principal. Todas las aplicaciones, menos la de la Rayo Vallecano de Madrid SAD (aplicación enfocada a la radio oficial del club y las redes sociales), ofrecen sección de noticias, plantilla y contenido multimedia. Ninguna aplicación móvil de los clubes de esta categoría ofrece información sobre los resultados de sus respectivas secciones femeninas, academias y jugadores de cantera, tampoco sobre la afición, ni los estadios dónde disputan sus partidos como locales. Todas las aplicaciones cuentan con enlaces a sus respectivas cuentas oficiales, en las principales redes sociales. Ninguna aplicación ofrece la posibilidad de informarse sobre la venta de tickets para asistir a los partidos del club.

El Fútbol Club Barcelona tiene aplicación móvil oficial, pero no ofrece información sobre su filial, al igual que sucedió con respecto a la sección femenina de esta entidad. Por lo tanto, se considera para la presente investigación que el Fútbol Club Barcelona "B" no dispone de la misma.

4. Conclusiones

Las aplicaciones móviles oficiales, desarrolladas con tecnología *Android*, se están convirtiendo en los últimos años en una herramienta muy importante para la gestión de la comunicación de los clubes de fútbol de élite de España. La utilización y desarrollo de las mismas, para estas entidades, es muy diferente en cada caso analizado.

Las secciones de las que disponen las aplicaciones de los clubes, son muy diferentes, e influyen en la gestión por parte de los responsables de los departamentos de comunicación y de los consumidores, que en este caso son los seguidores, simpatizantes y aficionados de los clubes de fútbol.

Se ha observado que en algunos casos se utiliza contenido publicitario en las secciones de televisión *online*, radio *online* y contenido multimedia de las herramientas analizadas en el estudio.

Con respecto a los clubes masculinos de España, y especialmente los de la máxima competición nacional, llamada recientemente por un acuerdo comercial "La Liga Santander", se ha observado que cuentan en mayor medida, con aplicaciones móviles oficiales, para dispositivos *Android*, como herramientas de comunicación en sus respectivos departamentos de comunicación. Aunque se observa que los clubes masculinos, han disminuido el desarrollo de las aplicaciones en los últimos años, como medio oficial. Aún así, más de la mitad de clubes de la máxima categoría cuentan con aplicación móvil oficial en tecnología *Android*, mientras que en la segunda categoría el desarrollo de la herramienta de comunicación es muy pobre. En el caso de los clubes femeninos se ha observado que menos de la mitad de clubes analizados cuentan con aplicación oficial.

Con respecto al contenido multimedia que se ofrecen en las aplicaciones analizadas, se ha observado que no existe un gran desarrollo en las mismas, pues no son contenidos ofrecidos de manera mayoritaria por parte de los clubes de fútbol en este medio. Se observa que sólo es mayoritario dicho desarrollo, por parte de los clubes de la segunda división de fútbol masculina, pues es ofrecido por un 60% de los clubes que disponen de aplicación móvil oficial.

Con respecto a la integración de la televisión *online,* se observa que aún no ha sido incluído en la mayoría de aplicaciones móviles oficiales de los clubes de fútbol de élite de España. Se observa que existe correlación entre un mayor grado de desarrollo de los clubes históricos que incluyen contenidos de sus secciones femeninas en las aplicaciones, y a la vez de enlace a la televisión *online.* Es un factor, que también es observable en la integración de la radio *online* en las aplicaciones móviles, pues no es un medio al que se enlace desde la misma de manera mayoritaria, excepto en el caso de los clubes históricos y tradicionales que disponen de contenido de sus secciones de fútbol femenino.

Se ha observado que el seguimiento mediático, la trayectoria deportiva, el palmarés histórico y el poderío económico, influyen con respecto al número de descargas de aplicaciones móviles por parte de los consumidores de las mismas, observándose que existe correlación entre los clubes denominados históricos, y el número de descargas de sus aplicaciones móviles oficiales en la *Play Store.*

Se observa también, estableciendo una comparación entre géneros, que los clubes de fútbol masculinos de España, han desarrollado en mayor grado, aplicaciones móviles oficiales, que los clubes femeninos, que aún se encuentran muy lejos en relación al grado de profesionalización de sus respectivos departamentos de comunicación. Los clubes que cuentan con secciones femenina y masculina, no ofrecen el mismo tratamiento informativo a cada sección, pues generalmente, a las secciones femeninas se les trata con dependencia de las masculinas. Sólo, en el caso del Real Betis Balompié, SAD y el Rayo Vallecano de Madrid, SAD, se trata por igual a ambas secciones, aunque se publica significativamente más contenido de la sección masculina. Existen casos de clubes, que en su aplicación móvil oficial, muestran información de su sección masculina, pero no de la femenina, como son los casos del Fútbol Club Barcelona, Levante Unión Deportiva SAD, Real Club Deportivo Espanyol SAD, Real Sociedad de Fútbol SAD o Sevilla Fútbol Club SAD.

También se ha comprobado, estableciendo una comparación geográfica, que los clubes masculinos y femeninos del sur de España, que compiten en la élite del fútbol nacional, tienen un mayor desarrollo de la tecnología móvil *Android* que los del norte.

Se echa en falta la posibilidad de poder configurar el *software* en muchas aplicaciones, para un funcionamiento más eficiente y adaptado a los gustos del usuario que lo utiliza.

Para futuras investigaciones, es importante tener en cuenta la explotación que pueden hacer los clubes de fútbol profesionales, en sus respectivas aplicaciones oficiales, de otras secciones, que pueden resultar de gran interés para los seguidores y usuarios de aplicaciones móviles, como podrían ser la de resultados, estadísticas, fichas de jugadores, información del estadio, secciones de la academia y categorías inferiores, así como enlaces y relación de esta herramienta de comunicación oficial, con las cuentas oficiales en las redes sociales principales (*Twitter, Facebook, Instagram* y *Youtube*). También podría ser de gran interés, para la explotación económica de estas entidades, la explotación en sus aplicaciones móviles oficiales de la taquilla y la tienda oficial.

5. Referencias bibliográficas

Alonso, G. y Avalos, J. (2013). La investigación del fútbol y sus nexos con los estudios de comunicación. Aproximaciones y ejemplos. *Nueva Época, 20* (julio-diciembre), 33-64.

Andreu, J. (2002). Las técnicas de análisis de contenido: una revisión actualizada. Sevilla: Fundación Centro de Estudios Andaluces.

Arceo, A. (2003). El fútbol y las relaciones públicas en España. *Chasqui, 84*, 26-33. http://dx.doi.org/10.16921/chasqui.v0i84.1501

Barbero, M. (2016). *Tratamiento informativo del deporte femenino español en los Juegos Olímpicos de verano en el diario ABC (1924-2012)*. (Tesis Doctoral). Universidad Complutense de Madrid, Madrid.

Cancelo, M. y Almansa, A. (2013). Estrategias comunicativas en redes sociales. Estudio comparativo entre las Universidades de España y México. *Historia y Comunicación Social, 18* (Nº Especial Diciembre), 423-435.
http://dx.doi.org/10.5209/rev_HICS.2013.v18.44339

Castillo, A. (2010). *Introducción a las Relaciones Públicas*. Málaga: Instituto de Investigación en Relaciones Públicas.

Castillo, A., Fernández, M. y Castillero, E. (2016). Fútbol y redes sociales. Análisis de la gestión de Relaciones Públicas 2.0 por los clubes de fútbol. *Estudios sobre el Mensaje Periodístico. 22* (1), 239- 254.

De Casas, P., Rodríguez, F. y Aguaded, I. (2017). El discurso mediático en la prensa digital del baloncesto masculino y femenino en Huelva. *SPORT TK: Revista Euroamericana de Ciencias del Deporte, 6*, 147-156.

Farias, P. (2000). Empresa informativa. Proyecto docente inédito. Málaga, Universidad de Málaga.

Ginesta, X. (2010). Los medios propios de los clubes de fútbol españoles. De la revista oficial a los canales de TDT en *Estudios sobre el mensaje periodístico, 16*, 145-166. Recuperado de http://revistas.ucm.es/index.php/ESMP/article/view/ESMP1010110145A

Hutchins, B. (2016). "We don't need no stinking smartphones!" Live Stadium events, mediatization, and the non-use of mobile media. *Media, Culture & Society, 38* (3), 420-436). DOI: 10.1177/0163443716635862

La Liga (2015). El fútbol profesional en España genera 7.600 millones de euros, un 0,75% del PIB. (Consultado el 30 de enero de 2018). Disponible en http://www.laliga.es/noticias/el-futbol-profesional-en-espana-genera-7-600-millones-de-euros-un-075-del-pib

La Liga (2018). Competición La Liga Santander. En *laliga.es*. (Consultado el 30 de enero de 2018) Disponible en http://www.laliga.es/laliga-santander/noticias

La Liga (2018). Competición La Liga 1,2,3,…. En *laliga.es*. (Consultado el 30 de enero de 2018) Disponible en http://www.laliga.es/laliga-123/noticias

La Liga (2018). Competición Liga Femenina Iberdrola. En *laliga.es*. (Consultado el 30 de enero de 2018) Disponible en http://www.laliga.es/liga-femenina-iberdrola

López, R. y Fernández, J. (2015). Responsabilidad Social Corporativa y Buen Gobierno en los clubes de fútbol españoles. Universia Business Review, 2, 38-53. Recuperado de *https://ubr.universia.net/article/download/1313/1572*

Olabe, F. (2009). La comunicación no convencional en los clubes de fútbol. *Pensar la Publicidad, 3* (1), 121-138.

Olabe, F. (2010). La gestión de la comunicación corporativa en los clubes profesionales en España. *Observatorio (OBS*), 3* (3), 92-101.

Olabe, F. (2012). La comunicación digital del FC Barcelona y el Real Madrid CF y su percepción por los periodistas deportivos. *Revista Internacional de Relaciones Públicas, 2* (4), 277-298.

Olabe, F. (2015). El gabinete de Comunicación como impulsor de la gestión comunicativa de los clubes de fútbol. *Revista Mediterránea de Comunicación, 6* (1), 83-104.

Romero, L., Torres, A. y Aguaded, I. (2016). Incidencia de las aplicaciones móviles en la toma de decisiones del potencial turista: Caso Huelva capital. En: *adComunica. Revista Científica de Estrategias, Tendencias e Innovación en Comunicación,* nº12. Castellón: Asociación para el Desarrollo de la Comunicación adComunica y Universitat Jaume I, 45-67. http://dx.doi.org/10.6035/2174-0992.2016.12.4

Sainz de Baranda, C. (2013). *Mujeres y deporte en los medios de comunicación. Estudio de la prensa deportiva española (1979-2010).* (Tesis Doctoral). Universidad Carlos III de Madrid, Madrid. Recuperado de http://e-archivo.uc3m.es/bitstream/handle/10016/16505/tesis_sainz_de_baranda_andujar_clara.pdf?sequence=1&isAllowed=y

Sotelo, J. (2012). Deporte y social media: el caso de la Primera División del fútbol español. *Historia y comunicación social, 17,* 217-230.

CAPÍTULO IV

TINDER Y EDARLIN: ESTRATEGIA Y POSICIONAMIENTO DE MARCA DENTRO DEL SECTOR DEL DATING APP

Dr. Santiago Mayorga Escalada
Universidad Pontificia de Salamanca, España

Resumen

La realidad paradigmática sobrevenida a lo largo del siglo XXI está llena de cambios disruptivos de enorme calado que han logrado transformar la sociedad, el consumo, los comportamientos y la forma de comunicarnos, entre otras cuestiones. En el epicentro de esta situación destaca tanto los cambios tecnológicos como el empoderamiento absoluto que alcanza el usuario. Al calor de estas circunstancias surge una nueva generación de jóvenes que como usuarios, nativos digitales, han sido denominados como *millenials*. Todas estas circunstancias deben ser tenidas en cuenta por las marcas a la hora de elaborar sus procesos de gestión y *branding*, sabiendo adaptar su estrategia, mensajes, y elementos de comunicación para lograr conectar de forma eficiente con sus públicos.
En torno a la coyuntura descrita se advierte que, dentro de las nuevas formas de comunicarnos, las personas tienden a buscar interrelaciones afectivas de todo tipo con otros usuarios a través del uso de las nuevas tecnologías. Esta situación compone un nuevo sector que ve en las *dating apps* un gran nicho de mercado. El uso de la geolocalización, junto al big data, se pone al servicio del usuario a través de dispositivos móviles con muy diversos fines.
De entre todo este sector de las *dating apps* destaca el negocio que se centra en promover las relaciones entre usuarios con el fin de concertar citas, tener encuentros esporádicos, o encontrar una pareja. A partir de esta lógica han surgido, o se han consolidado, una serie de marcas muy potentes de carácter multinacional. Vamos a tomar dos marcas representativas de este sector, una m´s nueva/millenial como Tinder y otra más veterana y consagrada en el 2.0 como eDarling para investigar en torno a qué estrategias usan para posicionarse, diferenciarse de la competencia y crear *engagement* con los usuarios mejorando su fidelización, notoriedad, imagen y aumento de su valor añadido.

Palabras claves

Gestión de marca, posicionamiento, *dating apps*, *millenials*, *engagement*.

1. Cambios disruptivos

El sociólogo, filósofo y ensayista polaco Zygmunt Bauman fue enormemente clarividente a la hora de analizar la actual coyuntura histórica que vivimos como sociedad en torno al concepto de «modernidad líquida». Con esta construcción etimológica se entra dentro del espectro de la semiótica para definir el estado fluido y volátil de la actual sociedad, sin valores demasiado sólidos, en la que la incertidumbre por la vertiginosa rapidez de los cambios ha debilitado los vínculos humanos. Lo que antes eran nexos potentes ahora se han convertido en lazos provisionales y frágiles (Bauman, 2013).

Nos encontramos ante una sociedad que sufre cambios disruptivos continuos. La inmediatez se impone a la estabilidad (Poler & Sanchis, 2011). Van cayendo todos los paradigmas clásicos que han condicionado la civilización occidental a lo largo de décadas y que nos han enseñado a entender el mundo. Esta tendencia afecta por igual a la economía, a la política, a la sociedad, etc. Lo globalización, y su proceso de uniformización internacional, lleva implícito el hecho de que estos cambios disruptivos afecten a las sociedades de todo el mundo tiene un impacto totalmente global.

La situación de continuos cambios disruptivos se reproduce de una forma especialmente relevante en todo el sector económico, especialmente en la realidad comercial de las empresas y los mercados donde operan. Numerosas empresas han desaparecido en los últimos años debido a la crisis económica, hecho totalmente objetivable de forma implícita. Otras muchas empresas han desaparecido debido a causas explícitas y de contexto que en muchas ocasiones no han sido debidamente analizadas, hablamos de situaciones en las que un negocio se ha visto abocado al cierre por no haber sabido adaptarse, ni dar respuesta, a los constantes cambios disruptivos que se venían produciendo (Bofarull, 2014).

Si existe una variable clave que nos ayuda a entender los cambios disruptivos tan veloces que estamos viviendo, desde finales del siglo XX y comienzos del siglo XXI, esa es la tecnológica (Moya & Vázquez, 2010). El avance y el nivel de democratización alcanzado por la tecnología, especialmente desde el ámbito informático, ha puesto al servicio del gran público todo tipo de comodidades. Se facilitan procesos cotidianos, se mejora la calidad de vida, se acaba con las distancias, se acelera la inmediatez, se multiplica la automatización y crecen los registros de datos de actitudes, usos y comportamientos. La tecnología pasa a inundarlo todo, a estar presente en todo momento dentro de la vida cotidiana de las personas (ya sea dentro del ámbito laboral, social, familiar, privado, etc.), influyendo de forma notable en sus procesos de socialización (García Urea, 2007).

De entre todos los avances tecnológicos que han producido un cambio social, económico y cultural más profundo, complejo y fehaciente es la democratización y uso de internet. La red de redes, concebida en un principio para uso militar llegó a al ámbito académico con el fin de poner en común información entre diferentes puntos de la geografía americana. Su misión y perfeccionamiento se fue puliendo a lo largo de varias décadas hasta llegar a la democratización en los años 90. Internet se pone al servicio de la usabilidad cotidiana por parte de los ciudadanos. El desarrollo de esta tecnología es espectacular y en menos de una década tiene una implantación global y cotidiana incuestionable. El mundo ahora está interconectado (Briggs, Burke & Galmarini, 2002). Cualquier acción que se concibe comienza a pasar indefectiblemente por una ventana de conexión global situada en las casas de cualquier ciudadano, dentro de la pantalla de su ordenador personal.

2. Comunicación y nueva realidad paradigmática

Nos encontramos en plena sociedad de la información, que a su vez está compuesta por un sistema de sociedad en red, donde internet se erige como el elemento encargado de establecer la convergencia (Mattelart & Multigner, 2007). Es evidente, teniendo en cuenta la información acreditada hasta el momento, que internet incide de forma directa en los comportamientos más habituales de las personas, principalmente en la forma en que se comunican (con otras personas, con las marcas, etc.). Los paradigmas clásicos de la comunicación han estado vigentes durante décadas, ayudándonos a entender las relaciones que se establecían, su jerarquía y la forma en que se analizaban. Internet rompe con esos paradigmas y en un espacio muy corto de tiempo cambia de forma disruptiva la comunicación.

Se establecen nuevas lógicas basadas en la conformación de múltiples relaciones comunicacionales (Humanes & Igartua, 2004). Por otro lado se rompen innumerables barreras estáticas/jerárquicas clásicas que son sustituidas por una realidad líquida, dinámica y bidireccional/multidireccional. El concepto clásico de emisor, mensaje y receptor queda desfasado frente al establecimiento de conversaciones que, con un carácter totalmente globalizado, se producen bajo una relación de igual a igual.

Andy Stalman (2014) analiza la evolución en la comunicación que ha experimentado la sociedad a través del desarrollo de internet. Identifica tres grandes etapas: comienza con la web, continúa con las redes sociales y finaliza, hasta el momento, con el desarrollo dinámico en la interrelación comunicativa que se produce a través de estas redes (y que es rentabilizada por los usuarios, las plataformas, y empresas comerciales que entran a formar parte de la ecuación).

Las estructuras, los agentes y el propio sistema ha evolucionado, la comunicación está en permanente cambio. Este hecho afecta de forma directa a la actividad estructural/comercial, al propio sector de la comunicación y a la sociedad; entendemos que dentro de esta relación de agentes que sufren el cambio de la comunicación destacan las marcas y los *usuarios/target*:

Estructural/Comercial

Las empresas, corporaciones e instituciones no son ajenas a los cambios disruptivos ni al fuerte desarrollo tecnológico que se ha instalado en todos los procesos cotidianos de nuestra sociedad. Los cambios paradigmáticos acaecidos en el ámbito de la comunicación obligan a las corporaciones a buscar la adaptación permanente y poner en marcha soluciones que vayan encaminadas a utilizar estos avances de forma eficiente.

Los nuevos ámbitos de la comunicación afectan tanto en el plano estructural de las empresas como en su actividad comercial. Todas las relaciones internas y externas que mantiene una corporación están empapadas de forma transversal por la comunicación (Villafañe, 2012). Las nuevas tecnologías, su capacidad de conectarnos de forma inmediata a nivel global, y el desarrollo de diferentes dispositivos móviles son características que las empresas no pueden obviar a la hora de buscar la mejora en procesos de comunicación internos, en su relación directa con proveedores u otros agentes intermedios, y en su capacidad para conectar con su target de forma potente a través de todos los puntos de contacto existentes para garantizar la eficacia comercial de las acciones de comunicación.

Sector de la comunicación

El sector de la comunicación es el negocio que más zarandeado se ha visto a causa de los cambios paradigmáticos que hemos venido argumentando. El desarrollo tecnológico y las nuevas formas de comunicación obligan al sector a reposicionarse, adaptarse y ofrecer nuevas soluciones de negocio a sus clientes potenciales.

La oferta perfectamente definida en las agencias clásicas se ha evaporado, quedando muy lejos de las nuevas necesidades de los clientes en el ámbito de la comunicación. La publicidad, los medios y los negocios con una estructura clásica tienden a desaparecer o transformarse. El nuevo paradigma exige de servicios integrales donde el online y el offline se funden, se construyen estrategias transmedia y se tiende a ofrecer una comunicación relevante que no sea percibida por el usuario como intrusiva (Aguado, 2015).

Social

Como animales sociales que somos, los humanos necesitamos de la comunicación para crear lazos de unión, entendimiento y comunidad. Tenemos la necesidad de comunicarnos. Los cambios disruptivos, con el desarrollo tecnológico en la vanguardia, han facilitado hasta límites insospechados la capacidad para comunicarnos desde el salón de casa tanto con la frutería de nuestro barrio como con una persona que se encuentra en el otro lado del mundo. Esta cuestión lleva implícita profundos cambios.

Las nuevas capacidades y posibilidades que nos ofrece la tecnología para comunicarnos afectan a nuestras relaciones sociales, laborales o administrativas. De igual forma, los cambios que se producen en nuestra forma de comunicarnos, y por tanto de percibir el mundo, afectan también a nuestra realidad cultural y a nuestro poso como civilización.

Una nueva forma de comunicarnos lleva implícita una nueva forma de ser y de comportarnos como ciudadanos sociales.

Marcas y usuarios

La coyuntura analizada pivota, como hemos señalado, en torno al desarrollo tecnológico que gracias a su secuencia de democratización modifica de forma paradigmática las estructuras sociales y económicas clásicas, especialmente desde el ámbito de la comunicación.

Extrapolando las características que venimos analizando al ámbito de las relaciones comerciales queda reflejado el cambio paradigmático en múltiples elementos. A través del desarrollo tecnológico y los cambios que se producen en la comunicación emergen dos agentes que se convierten en principales protagonistas de la nueva realidad paradigmática:

La marca se convierte actualmente en el activo más valioso de las corporaciones (Brujó, 2010). Las marcas pasan a ser la imagen, el alma y la representación visible de la oferta que en otro momento residía sobre el producto, entendido como el elemento manufacturado por la fábrica para ofrecer al target en el intercambio comercial. Los bienes materiales han perdido protagonismo en favor de los intangibles. El aspecto puramente funcional se ve relegado ante las emociones, el simbolismo y las experiencias. Todas estas circunstancias dan forma a la marca, que toma el protagonismo como elemento principal de comunicación (Medina-Aguerrebere, 2014).

Los usuarios actuales, a causa del desarrollo tecnológico y su democratización, adquieren un papel de poder absoluto. El cambio paradigmático convierte a la masa de consumidores pasivos en una serie de individuos con inquietudes, gustos y características propias que pueden ser resueltas gracias a la oferta que proporciona internet y las múltiples vías de comunicación que emanan del desarrollo de este elemento. Los usuarios están formados, informados y tienen la posibilidad de elegir activamente tanto la oferta como su propia toma de decisiones de consumo (Relaño, 2011). Estas características dan forma al cambio paradigmático del que venimos hablando con una serie de modificaciones relevantes frente a la estructura clásica establecida desde hace décadas que modifica el comportamiento social en todo su magnitud.

3. Idea de negocio, comunicación y gestión de marca

Las condiciones (tecnológicas y comunicacionales) que ayudan a conformar la nueva realidad paradigmática, supone de facto la interrelación directa en el ámbito comercial entre los dos agentes protagonistas previamente identificados: la marca y los usuarios. La comunicación y las conexiones que se logran establecer entre los dos agentes son las que marcan la lógica dentro de la nueva realidad paradigmática.

Las marcas, a través de la construcción de una estrategia original y diferencial, buscan construir una determinada imagen que transmitir a sus públicos. Para ello utilizan todo tipo de elementos de comunicación que implementan en los diferentes puntos de contacto que puedan existir entre la propia marca y su *target* (Gil, 2010). La integración de esta estrategia con la forma de comunicarla intenta establecer una experiencia única, creando de esta forma una conexión potente entre la marca y sus públicos.

Los usuarios entran en contacto con las marcas a través de mensajes o interacciones que les suponen un relato, una información o un entretenimiento relevante. Su capacidad para consumir medios/ocio cuando quieren, a la hora que quieren y a través del dispositivo que mejor les conviene en ese determinado momento hace que tiendan a desechar la comunicación publicitaria tradicional e invasiva frente a otras técnicas de comunicación que ofrecen un contenido de interés de una forma no intrusiva. Esta realidad evoluciona hasta el punto de convertir al usuario en un medio de comunicación propio de la marca, o en un agente que ayuda a construir de forma activa la imagen de la marca a través de diferentes actividades de comunicación (Castelló & Pino, 2017).

A raíz de esta lógica, tanto el sector de la comunicación como los propios departamentos internos de las corporaciones ponen en marcha un proceso estratégico y profesionalizado que busca gestionar sus marca de forma coherente y sostenida en el tiempo, alineando todos sus elementos y comunicando su concepto/identidad al *target* (buscando el establecimiento de conexiones y construir una experiencia única).

El proceso de gestión de marca, para que cumpla fehacientemente con su cometido debe iniciarse con el despliegue de la idea del negocio. A raíz de esta etapa se pone en marcha un momento de reflexión e investigación que culminará con el establecimiento de la estrategia que lleva consigo la determinación de una identidad, valores, personalidad, atributos, formas de actuar/proceder, etc. Al final esta etapa se cierra con el establecimiento de un concepto claro que sea único y diferencial. A partir de aquí se pone en marcha una etapa de implementación de la estrategia a través de todos los elementos de comunicación que ayuden a poner en contacto a la marca con sus públicos a través de diferentes puntos de contacto (Ollé & Riu, 2010). Para ello debe producirse una alineación de todos estos elementos en torno a un programa estratégico de comunicaciones integradas de marca. El relato, interno y externo, alineado con todos los agentes y elementos que conforman la marca se distribuye a través de diferentes acciones, momentos, lugares, medios, personas, soportes, etc. de forma coherente.

El proceso de gestión de marca busca dar continuidad en el tiempo a la marca, posicionándola y haciéndola crecer, buscando el beneficio y la conformación de un valor añadido además de la conexión potente con sus públicos a través de experiencias únicas. Para cumplir con estos objetivos el proceso estratégico se vuelve cíclico, lo que permite realizar una medición constante de marca, al igual que controlar su estructura a través de la arquitectura de marca (Keller, 2008). Este hecho permite modificar la estrategia, introducir cambios y buscar mejoras en la implementación de la marca de forma constante y periódica.

4. Tecnología, comunicación y nuevos medios de interacción: dating apps

La nueva realidad paradigmática sobrevenida tras los cambios disruptivos explicados previamente, con el avance tecnológico a la cabeza, provoca que las formas de comunicación varíen en función del desarrollo de internet (entendido como el núcleo del que parten todas las ramificaciones posteriores).

Además de las etapas estructurales por las que atraviesa la red de redes y su tipo de oferta, definidas previamente por Andy Stalman (2014), observamos cómo se condiciona el tipo de relaciones en función del medio y del dispositivo utilizado para cada consumo. Las webs consultadas a través de un ordenador domestico de sobre mesa nos han traído hasta el presente donde se extiende el uso de diferentes aplicaciones a través del teléfono móvil, entendido como dispositivo protagonista (junto con los ordenadores portátiles y las *tablets*).

Las aplicaciones (apps.) tratan de especializarse a la hora de resolver un problema, dar una información u ofrecer un dato determinado en un momento concreto (que puede ser puntual, periódico o continuado en un espacio de tiempo). De igual forma, las apps., están destinadas a hacernos el tiempo de ocio más entretenido y ameno. Cualquiera que sea el uso que vayamos a hacer de ellas nos indica que estamos moviéndonos en unos parámetros de comunicación, uso y consumo relacionados directamente con el nuevo paradigma.

Para no resultar excesivamente densos, señalamos que el desarrollo de las apps. va directamente relacionado con la implantación dentro de los dispositivos móviles de grandes pantallas táctiles, una tecnología de datos cada vez más potente ofrecida por los operadores y la geolocalización a través del GPS (Global Positioning System) (Aguado & Martínez, 2009).

La situación nos retrotrae hacia la identificación de una serie de características que ponen de manifiesto la conformación de una nueva realidad paradigmática. En este caso, el consumo de contenidos a través de las apps. (avance tecnológico y nuevas formas de comunicación nuevamente unidas). De entre toda esta oferta de apps. vamos a destacar en este estudio aquellas que van dedicadas a establecer relaciones de citas entre usuarios (dating apps.).

Actualmente las dating apps se conforman como un sector emergente con gran crecimiento y rentabilidad (Carpenter & McEwan, 2016). Filtran las nuevas condiciones sociales y tecnológicas para facilitar el encuentro entre personas que así lo eligen. Gerber, Hobbs y Owen (2017) hablan en este caso de la transformación de la intimidad, las relaciones interpersonales en el entorno digital y el sexo líquido (haciendo un juego de palabras con las características que dan forma al concepto de modernidad líquida). La aceleración y la inmediatez entran en conjunción social con el estrés, el agobio diario, la rutina y la dificultad para encontrar citas/parejas en una sociedad donde el individualismo es cada vez más notorio. Las dating app. se convierten en un medio fácil y rápido para que, de una forma comercial y desde tu movil, puedas elegir posibles parejas con las que tener una cita. Algo tan atávico al ser humano como su capacidad de relacionarse, comunicarse y establecer parejas (sea en sentido más romántico o puramente sexual) queda perfectamente acotado por las dating apps. a un golpe digital en tu pantalla de dispositivo móvil (lo social adaptado a lo digital a través de la nueva realidad paradigmática).

5. Objetivo

Las marcas que compiten dentro del sector, o se introducen en él, establecen sus propios procesos de gestión con el fin de diferenciarse y lograr ser únicos, conectando de forma relevante con su *target* potencial.

Con el fin de adentrarnos en la realidad descrita vamos a elegir dos marcas de éxito dentro del sector que, a su vez, tienen un recorrido histórico y un posicionamiento diferente: E-Darling y Tinder.

Junto con el cuerpo teórico desarrollado en los puntos anteriores, y con el estudio de caso concreto de las dos marcas elegidas dentro del sector del *dating app.*, vamos a establecer como objetivo para el desarrollo de la investigación: analizar la estrategia y el posicionamiento de marca de E-darling y Tinder dentro del sector del dating app.

6. Metodología

Para desarrollar con garantías un proceso de investigación que finalmente nos conduzca hasta la resolución del objetivo planteado vamos a fijar una metodología empírica enclavada en el ámbito de las Ciencias Sociales.

Nos encontramos ante un estudio de caso de tipo comparativo. Con el objeto de fijar un paralelismo concreto que mida las mismas características en el análisis tanto de la marca E-Darling como de la marca Tinder vamos a identificar una serie de variables a través de la construcción de un guión para el análisis 'ad-hoc'.

Las herramientas metodológicas que utilizamos para desarrollar esta investigación van a ser la revisión documental junto con la observación estructurada. De esta forma se podrá cumplimentar exitosamente el guión establecido para el análisis 'ad-hoc' del caso de estudio.

7. Investigación y resultados.

El análisis de caso entre las marcas del sector de dating apps.: E-Darling y Tinder está fundamentado, como hemos explicado en el punto anterior, en un guión 'ad-hoc' que permite ordenar y comprar las mismas variables.

Para que las variables sigan un orden lógico establecido vamos a construir un sistema estructural basado en los puntos del proceso de gestión de marca recogidos dentro del cuerpo teórico desarrollado a lo largo del punto número 1 de este estudio.

De forma general, dividimos el guión de análisis de las dos marcas de dating apps. seleccionadas de la siguiente forma:

Historia / Idea de negocio

A través de las páginas web corporativas de las dos marcas que estamos analizando hemos registrado sus principales datos históricos:

	E-Darling	Tinder
Año	2008	2012
Dónde	Alemania	Estados Unidos
Quién	Rocket Internet GmbH (Hermanos Samwer y Jamba)	Sean Rad, Justin Mateen, Jonathan Badeen y Ramón Denia
Por qué	Necesidad de mercado	Necesidad universitaria
Proyecto	Grupo de inversión	Emprendedores universitarios
Idea	Poner en contacto a gente con perfiles compatibles.	Que la gente busque perfiles que le atraen para conectar.

E-Darling es una empresa alemana que nace oficialmente en el año 2008. El proyecto surge a través de un grupo de inversión (Rocket Internet GmbH) que quiere poner en marcha un negocio online dedicado a dar respuesta a una demanda creciente en el ámbito de los solteros de mediana edad (búsqueda de una pareja seria y compatible) con capacidad económica para pagar por el servicio. La ejecución de esta idea es llevada a cabo por los Hermanos Samwer (Zalando) y por Jamba.

Tinder nace en el año 2012 dentro de la comunidad estudiantil de la Universidad del Sur de California. El proyecto toma forma tras varios estudios de los estudiantes universitarios por buscar un medio online que pudiera facilitar, de forma rápida y sencilla, las relaciones sociales entre gente del campus. A partir de aquí la idea crece y es puesta en marcha por Sean Rad, Justin Mateen, Jo-nathan Badeen y Ramón Denia, un grupo de estudiantes emprendedores. Buscan, a través de la creación de una app., facilitar a la gente la búsqueda de perfiles atrayentes de otra gente más o menos cercana para conectar y que puedan conocerse (citas, encuentros, sexo esporádico, etc.).

Estrategia de marca.

Continuando con la revisión de sus páginas corporativas vamos a adentrarnos en la etapa estratégica de ambas marcas, donde se unen con la idea de negocio:

	E-Darling	Tinder
Qué	Una de las agencias de intermediación de pareja líderes en Europa	One of the world's most popular dating sites for meeting new people
A quién	En eDarling nos dirigimos a solteras y solteros exigentes que buscan una relación estable y duradera.	Think of us as your most dependable wingman—wherever you go, we'll be there. If you're here to meet new people, expand your social network, meet locals when you're traveling, or just live in the now, you've come to the right place
Cómo	Nuestra oferta se distingue por tener una sólida base científica: un método sociopsicológico de intermediación de parejas capaz de identificar a las personas más compatibles y afines para formar entablar una relación. Y es que eDarling consigue que aquellos que confían en nosotros encuentren el amor.	Tindering is easy and fun—Swipe Right to Like someone, Swipe Left to pass. If someone likes you back, It's a Match! We invented the double opt-in so that two people will only match when there's a mutual interest. No stress. No rejection. Just swipe, match, and chat online with your matches, then step away from your phone, meet up in the real world and spark something new.
Quién	Rocket Internet GmbH (Hermanos Samwer y Jamba)	Sean Rad, Justin Mateen, Jonathan Badeen y Ramón Denia

E-Darling se define como una de las agencias de intermediación de pareja líder en Europa. Con este posicionamiento se dirige exactamente a todos aquellos solteros exigentes que buscan una relación estable y duradera. Para conseguir su objetivo, la marca ofrece a sus usuarios una sólida base científica: un método sociopsicológico de intermediación de parejas capaz de identificar a las personas más compatibles y afines para formar/entablar una relación. Los resultados del Test de Compatibilidad permiten realizar sugerencias de pareja afines a cada persona. La plataforma hace posible que el contacto entre las parejas se realice de manera segura. Además, cuentan con una función única en Europa para facilitar la búsqueda de pareja. Se trata de "conocerse mutuamente", un proceso guiado para ir descubriendo a esa persona especial a través de cuatro simples pasos. Dentro de la metodología y la experiencia que promete construir E-darling en la búsqueda de una pareja estable a sus usuarios se encuentra otro de sus objetivos: mantener los máximos estándares de calidad tanto en el producto que ofrecen, como en el método de intermediación de parejas, el servicio de atención al cliente y la seguridad en la red. Y es que eDarling, dicen desde la empresa, consigue que aquellos que confían en nosotros encuentren el amor (hablan de fiabilidad y garantías).

Tinder por su parte se define como uno de los sitios online de citas más populares del mundo para conocer gente nueva. Apela a la confianza para ofrecer a los usuarios (su target principal) una experiencia continuada, sea desde su casa o donde quiera que vaya. La marca emplaza a los usuarios que utilizan la app. para que conozcan gente nueva, expandan su red social, conozcan a gente del lugar donde viajan o simplemente se dediquen a conectar con gente y vivir el presente como quieran. Son una de las mejores aplicaciones de citas del mundo y para ello argumentan una razón: en su app. se producen más de 26 millones de "matchs" (activación deconexión entre dos personas) por día. Para llegar a tener toda esta actividad, Tinder explica a sus usuarios que es muy fácil y divertido gracias a hacer "tindering" ("swipe": deslizar el dedo a izquierda o derecha por la pantalla del móvil para dar "me gusta" o "pasar" a otro perfil si el que aparece no es del gusto del usuario). Los perfiles aparecen gracias a unas coordenadas de búsqueda y geolocalización que posee la app.

Construcción de marca

Del mismo modo que sucede con la formación de la estrategia en función de la idea de negocio, la construcción de marca se establece de acuerdo a una serie de elementos que van alineados con la estrategia. Esta organización estructural del proceso de gestión de marca es la que debe garantizar la coherencia del mismo, facilitando a su vez los sistemas cíclicos de control, medición y toma de decisiones.

Gracias a la revisión documental extraemos la siguiente información asociada a los elementos que conforman la construcción de la marca:

	E-Darling	Tinder
Origen del target	Analógico (no millenials) Realidad – Web/App.	Digital (millenials) App – Realidad
Gama	Alta/Sofisticado	Popular/Transversal
Acceso	Restringido (unos pocos)	Libre (todos)
Objetivo	Citas/Pareja seria	Encuentros
Uso	Método científico	Intuición
Metodología	Ficha/Perfil personal	Swipe/Tindering

E-Darling surge como una marca encaminada a ofrecer un servicio determinado a un grupo de gente que viene del mundo analógico (no son millenials en su inmensa mayoría). La idea de crear una agencia de intermediación de pareja cuenta con alto grado de negocio tradicional. La diferencia está en su acción online donde la página web se conformó como el órgano central del negocio. Debido a estas características, el posicionamiento de E-Darling se dirige a un tipo de gente adulta que son trabajadores. Cuentan con ingresos económicos por lo que se pueden permitir este servicio (público restringido dentro de un negocio de gama alta que tiende hacia un concepto de sofisticación).

El objteto de E-Darling es intermediar entre sus usuarios para crear parejas estables donde se encuentre el amor a través de una primera cita. Las garantías que ofrece la marca para que todo funcione son las de un método científico que se desarrolla a través de cuatro fases. Está basado en la creación de fichas personales extensas, con perfil psicológico, para ser cotejadas a través de un programa informático que va a dedicarse a buscar compatibilidades con otras fichas de usuarios.

Tinder nace desde un campus universitario y creado por universitarios con el fin de dar solución a una demanda de interrelación que tenían como usuarios. Este hecho condiciona de forma absoluta el desarrollo de la marca, encaminada directamente a un grupo de personas que son nativos digitales (millenials), y que buscan encuentros (con perfiles que les atraen) de una forma rápida, cómoda e intuitiva con un simple golpe digital del dedo sobre la pantalla ("s*wipe*"). El servicio se ofrece a través de una app. que puede ser descargada y utilizada de forma gratuita por los usuarios en cualquiera de sus dispositivos móviles. Nos encontramos ante un negocio de carácter popular y transversal. Tinder, entendida su idea de marca y el tipo de *target* que tiene, ofrece una experiencia/usabilidad lo más parecida a un juego para móvil.

Comunicación de marca.

Los programas de comunicaciones integradas de marca que desarrollan tanto E-Darling como Tinder pretenden conectar, de forma coherente con la estrategia, con sus públicos principales para hacer que vivan una experiencia única y así fidelizar su relación.

Debido a la idea de negocio, la estrategia y la construcción en cada una de las dos marcas se ponen en marcha una serie de elementos y acciones de comunicación destacados que nos ofrecen información valiosa para la resolución del objetivo de este estudio:

	E-Darling	Tinder
Claim	Para solteros exigentes	Swipe. Match. Chat. Date.
Comunicación	Clásica (ATL)	Nuevas acciones (BTL)
Medios	Tradicionales	No tradicionales
Tipo	Invasivo (Anuncios)	No invasivo (Branded content)
Agente	Demanda	Demanda/Oferta
Plataforma	Web	App.

Por las características inherentes a la idea de negocio y a su estrategia, E-Darling utiliza unas comunicaciones integradas de marca que se apoyan en acciones clásicas a través de medios tradicionales (ATL). La comunicación comercial se introduce a través de anuncios tradicionales, principalmente en televisión y prensa. También ha sabido desarrollar acciones de comunicación de co-branding muy exitosas que afianzan en todo caso la identidad/imagen de la marca como la que llevó a cabo junto a los Hoteles Barceló donde se desarrollaron una serie de citas programadas desde la plataforma (Europa Press, 2013). El afianzamiento del proyecto ha llevado a la marca a adaptarse a la realidad paradigmática con el desarrollo de una app. que funciona como plataforma al estilo de la web. También se han desarrollado una serie de campañas online que no dejan de tener un marcado estilo tradicional.

E-Darling, como empresa de pago no admite publicidad en su plataforma. Es una marca demandante de servicios de comunicación y marketing.

Tinder sigue siendo fiel a su idea de negocio, tanto en la estrategia y construcción, como a través de su programa de comunicaciones integradas de marca. Su frescura digital y alma *millenial* se transmite en su forma de comunicar, o de no hacerlo que también es una forma de comunicar. Tinder se ha convertido en una marca global con millones de usuarios que no ha realizado en ningún momento comunicación comercial clásica ni masiva. Por el contrario ha utilizado muy bien las nuevas herramientas de comunicación no intrusivas como el *branded content* (especialmente con una gran presencia en artículos relacionados con su actividad en múltiples publicaciones de prestigio online).

El camino andado por Tinder en su estrategia de comunicaciones integradas de marca ha ido desarrollándose de forma prácticamente inversa al realizado por E-Darling. Su apuesta por el boca a boca, los contactos discretos a través de medios/acciones BTL y el no intrusivo *branded content* han pasado a un crecimiento en cuanto a acciones de comunicación de otro tipo entre las que destacan el patrocinio. En cualquier caso han seguido cuidando su estrategia y no apareciendo de forma clásica en grandes medios de comunicación de masas.

La última gran medida de comunicación tomada por Tinder le convierte no sólo en demandante dentro de este sector (cuestión que realmente siempre ha cuidado mucho por su estrategia BTL y de branded content), sino que ahora también es una plataforma que oferta espacios de comunicación comercial para otras marcas. En su camino hacia la rentabilidad, Tinder ofrece la posibilidad de hacer publicidad a través de sus conocidos perfiles de usuario (de forma global o local, gracias al uso de datos a través de GPS). Esta medida plantea, por contra, que aunque integrada perfectamente en los elementos de la app. tiene un carácter genuinamente intrusivo.

7. Conclusiones

En relación a los resultados obtenidos en el proceso de investigación, y la posterior reflexión realizada, podemos acercarnos a establecer unas conclusiones que nos sirvan para fijar una posición en cuanto al objetivo planteado por este estudio.

- Tanto E-Darling como Tinder son marcas que comparten la idea de poner en contacto a gente, siendo concebidas desde un soporte matriz de carácter online.

- E-Darling enfoca su actividad desde la web, tanto por su fecha de nacimiento como por su idea de negocio. Actualmente, y de acuerdo con la evolución lógica de la coyuntura, ha entrado en el sector de las apps. para adecuar su oferta: nuevo público, nuevos dispositivos de acceso. En este sentido, E-Darling ha llegado al sector de las dating apps. a lo largo del tiempo y gracias a una evolución lógica mientras que Tinder es un negocio más joven, *millenial* y para nativos digitales, que nace directamente sobre una app.

- La idea de negocio y el posicionamiento de marca de E-Darling y Tinder son bastante diferentes. Mientras que la primera es una especie de agencia matrimonial del siglo XXI para gente adulta que busca una relación estable, la segunda es un punto de encuentro de perfiles donde buscar gente joven para todo tipo de encuentros (sin una formalidad o seriedad implícita).

- Ambas marcas hacen bandera de la tecnología. E-Darling pone al servicio del cliente un proceso informático de búsqueda y compatibilidad de perfiles (pequeño big data de la plataforma). Por su lado, Tinder explota el uso del GPS en su app. con el objetivo de que los usuarios localicen a personas que se encuentren cerca de su ubicación, estén donde estén. Además hace suyo el movimiento táctil del dedo del usuario sobre la pantalla del dispositivo móvil a la hora de dar un "like" o un "dislike" a los diferentes perfiles (*swipe*). Ambas marcas cuidan la parte de funcionalidad y usabilidad de sus plataformas (web y app.).

- E-Darling está concebido como un negocio de pago donde se activa el proceso de perfiles y búsqueda de compatibilidades. Por su parte, Tinder es un negocio gratuito que, una vez que ha conseguido tráfico y un gran número de usuarios, ha empezado a monetizar con dos versiones de pago (Tinder Plus y Tinder Gold) y la inserción de perfiles dedicados a la publicidad.

- Los programas de comunicación de marca que desarrollan tanto E-Darling como Tinder son diferentes y ambos encaminados de forma brillante a potenciar su posicionamiento, contactando de la forma más relevante posible con su *target*.

En conclusión, E-Darling y Tinder son dos negocios de éxito dentro del sector de los dating apps. gracias a su exitoso proceso de gestión de marca, desarrollados de forma coherente en todos sus ámbitos y etapas: idea de negocio, estrategia, construcción y comunicación.

Con sus respectivos posicionamientos, tanto E-Darling como Tinder han sabido desarrollar una imagen de referencia en el sector, convirtiéndose en marcas únicas y perfectamente diferenciadas respecto de la competencia.

Las estrategias de comunicaciones integradas de marca han sido fieles al concepto y posicionamiento de la marca, preservando en todo momento su identidad. Cada una, centrada en su posicionamiento, ha apostado por una forma de comunicación efectiva que ha conectado con su *target*. Ambas marcas, una vez consolidadas, han sabido ampliar su espectro utilizando otro tipo de acciones de comunicación, siempre en coherencia con su estrategia.

Referencias bibliográficas

Aguado, G. (2015). Inbound Marketing en LinkedIn para la gestión de marca. *Revista ICONO14 Revista científica de Comunicación y Tecnologías emergentes, 13*(1), pp. 105-124.

Aguado, J. M., & Martínez, I. J. (2009). De la Web social al Móvil 2.0: el paradigma 2.0 en el proceso de convergencia mediática de la comunicación móvil. *El profesional de la información, 18*(2). Pp. 155-161.

Bauman, Z. (2013). *Liquid modernity*. Cambridge: John Wiley & Sons.

Bernal, A, y Román, J. (2013). La curiosidad en el desarrollo cognitivo: análisis teórico. UNACIENCIA. Revista de Estudios e Investigaciones. Año 6, nº 11.

Bofarull, I. (2014). El futuro de la educación vincula-do a un nuevo modelo producti-vo en una sociedad de cambios disruptivos. *Dendra méd rev humanid, 13*(2), 150-165.

Briggs, A., Burke, P., & Galmarini, M. A. (2002). *De Gutenberg a Internet: una historia social de los medios de comunicación*. Madrid: Taurus.

Brujó, G. (2010). En clave de marcas. Madrid: LIDL.

Carpenter, C. J., & McEwan, B. (2016). The players of micro-dating: Individual and gender differences in goal orientations toward micro-dating apps. *First Monday, 21*(5).

Castelló, A & Pino, C. (2017). Convergencia mediática. Nuevas estrategias de comunicación persuasiva. Sevilla: Egregius.

E-Darling (2018). www.edarling.es (Consultado entre el 21 y el 23 de abril de 2018)

Europa Press (2013). Barceló Hotels y eDarling se alían para ofrecer un encuentro a singles. http://www.europapress.es/turismo/hoteles/noticia-barcelo-hotels-edarling-alian-ofrecer-encuentro-singles-20130606152404.html (Consultado el 23 de abril de 2018)

García Urea, S. (2007): "La Democratización Tecnológica y la Inclusión Social: Un Análisis desde lo Sociocultural", *Analítica*. Disponible en: http://www.analitica.com/premium/ediciones2007/4876591.asp

Gil, J. V. (2010). Branding. Tendencias y retos en la comunicación de marca (Vol. 38). Barcelona: UOC.

Hobbs, M., Owen, S., & Gerber, L. (2017). Liquid love? Dating apps, sex, relationships and the digital transformation of intimacy. *Journal of Sociology, 53*(2), pp. 271-284.

Igartua, J. J., & Humanes, M. L. (2004). *Teoría e investigación en comunicación social.* Madrid: Síntesis.

Keller, K. L. (2008). Administración estratégica de marca. Branding. Madrid: Pearson Educación.

Mattelart, A., & Multigner, G. (2007). *Historia de la sociedad de la información.* Barcelona: Paidós.

Medina-Aguerrebere, P. (2014). *Marca y comunicación empresarial* (Vol. 23). Barcelona: UOC.

Moya, M., & Vázquez, J. (2010). De la Cultura a la Cibercultura: la mediatización tecnológica en la construcción de conocimiento y en las nuevas formas de sociabilidad. *Cuadernos de antropología social,* (31), pp. 75-96.

Ollé, R., & Riu, D. (2010). *El nuevo brand management: cómo plantar marcas para hacer crecer negocios.* Barcelona: Planeta.

Poler, R. & Sanchis, R. (2011). Medición de la resiliencia empresarial ante eventos disruptivos. Una revisión del estado del arte. En *V international conference on industrial engineering and industrial management,* pp. 104-113.

Relaño, A. (2011). Consumidores digitales, un nuevo interlocutor. *Distribución y consumo,* (116), pp. 44-51.

Stalman, A. (2014). *Brandoffon: el branding del futuro.* Barcelona: Grupo Planeta.

Tinder (2018). www.tinder.com (Consultado entre el 21 y el 23 de abril de 2018)

Villafañe, J. (2012). La comunicación intangible: reinventar la comunicación empresarial. *Revista Dircom, 93,* pp. 8-16.

CAPÍTULO V

¿PROMOCIÓN O CONVERSACIÓN? EMPLEO DE LAS REDES SOCIALES POR PARTE DE LAS EMPRESAS DEL SECTOR DEL JUEGO PRIVADO

José Luis Cervera Traver
Universitat Jaume I, España

Resumen

La popularidad de las apuestas deportivas ha crecido de forma exponencial en España durante el último lustro, a partir de la regulación del sector del juego *online*. La presente investigación analiza cómo gestionan su presencia en Twitter dos de las empresas más reconocidas del sector del juego privado, con el objetivo de conocer y contrastar las estrategias comunicativas que desempeñan. Para conseguirlo, se han analizado las publicaciones lanzadas por las cuentas en español de estas dos compañías en ambas redes sociales durante el mes de enero del año 2018. Los resultados demuestran que las empresas en cuestión siguen líneas diferentes: Sportium emplea Facebook y Twitter principalmente como plataformas para publicitar y promocionar sus servicios y para difundir mensajes comerciales; Bet365, a su vez, relega dichas funciones a un segundo plano e intenta atraer al público y fomentar su participación mediante el planteamiento de preguntas y la difusión de información relacionada con el mundo del deporte.
Tras analizar las publicaciones seleccionadas, puede concluirse que no existe una estrategia común a ambas empresas, pues, mientras Sportium prioriza la publipromoción de su catálogo de apuestas, las cuentas de Bet365 –especialmente, la de Facebook-presentan más similitudes con las de un medio de información deportivo que con otra empresa.

Palabras claves

Comunicación, empresa, marketing, publicidad.

1. Introducción

El mercado del juego *online* se activó en España el 5 de junio del 2012, tras la publicación de la Ley 13/2011, de Regulación del Juego. Desde ese momento, las apuestas deportivas se han convertido en una de modalidades más populares, como demuestran los datos. El último informe elaborado por la Dirección General de Ordenación del Juego (DGOJ) expone que, durante el último trimestre del año 2017, han aumentado el importe total de los depósitos realizados, la cantidad de las retiradas tramitadas por usuario registrado y el gasto en publicidad efectuado por los operadores respecto a las cifras acumuladas durante el trimestre anterior (DGOJ, 2018). Además, el Gross Gaming Revenue (GGR) o margen de juego[1] alcanzado por las apuestas deportivas supone un 59% del total del juego *online*. Se trata de la categoría más destacada, por delante del casino y el póquer, que constituyen un 28,5% y un 8,92% del total.

Existe una sinergia evidente entre la experiencia del juego *online* y la tecnología (Brindley, 1999). Internet difumina tanto las restricciones físicas como las limitaciones temporales y, a raíz de la expansión del juego hacia la Red, el número de menores que se inician en esta práctica aumenta, a pesar de que tienen prohibido el acceso (Lloret et al, 2016). Llegados a este punto, resulta interesante profundizar en las estrategias comunicativas que desarrollan las empresas del sector del juego privado. Existen investigaciones (Johnston y Bourgeois, 2015) que señalan que una de las técnicas más exitosas reside en el patrocinio de entidades deportivas, pues causa notables efectos sobre las personas implicadas en el juego. Otros estudios indican que el marketing ha desarrollado un papel muy importante en la normalización de las apuestas deportivas (Deans, Thomas, Derevensky y Daube, 2017).

Sin embargo, apenas existen trabajos que analicen la forma en la que estas compañías gestionan su presencia en las redes sociales, a pesar de que estas se han convertido en un pilar básico de la estrategia comunicativa de muchas compañías (Chu, 2011). Pueden emplearlas como poderosos mecanismos con efectos cuantificables para reforzar los lazos entre los clientes y las marcas y, si esta relación se gestiona bien, puede derivar en la creación de comunidades de marca (Jahn, 2012).

Además, el desarrollo de las tecnologías de la información y la comunicación ha propiciado una evolución en el rol del consumidor. Ahora los clientes desempeñan actividades que antes controlaban las empresas, por lo que

---

[1] La DGOJ define el GGR o margen de juego como «el importe total de las cantidades dedicadas a la participación en el juego, tras deducir los premios satisfechos por operador a los participantes».

estas se ven obligadas a comprender el comportamiento de los consumidores para crear beneficios mutuos (Heinonen, 2011). De este modo, las entidades aprovechan el poder de plataformas como Twitter y Facebook para estrechar los vínculos con los consumidores, debido a su capacidad de satisfacer algunas necesidades básicas como la pertenencia a grupos y la interacción social (Nadkami y Hofmann, 2012). La elección de estas dos redes sociales –Twitter y Facebook-como herramientas de comunicación empresarial a analizar se apoya en los resultados del Estudio Anual Redes Sociales 2017 desarrollado por Interactive Advertising Bureau Spain (IAB Spain). Esta investigación determina que un 86% de los internautas cuya edad se ubica entre los 16 y los 65 años emplea las redes sociales. Facebook es la más utilizada, pues un 91% de los usuarios de redes sociales disponen de un perfil en ella, mientras que Twitter se sitúa en la cuarta posición de la lista –por detrás de WhatsApp y YouTube-al contar con la presencia de un 50% de los usuarios. Además, un 83% de las personas que utilizan las redes sociales declara ser fan o seguir alguna marca a través de estas.

Hay investigaciones que apuntan que el gran puntal de Twitter radica en la atención al cliente (Iturregui Mardaras, Pérez Dasilva, y Marauri Castillo, 2014); otras plantean que las empresas recurren a Facebook para reforzar la publicidad y la promoción, así como para fortalecer los lazos afectivos con los fans (Valerio Ureña, Herrera Murillo, Herrera Murillo y Martínez Garza, 2015).

 Este trabajo entrelaza los dos campos expuestos –apuestas deportivas y redes sociales-con la finalidad de indagar en un terreno en el que la ciencia apenas se ha prodigado.

2. Objetivos

La presente investigación pretende averiguar cómo gestionan su presencia en Facebook y Twitter las dos empresas seleccionadas (Bet365 y Sportium). Para lograrlo, se han fijado los siguientes objetivos:

1. Analizar los usos y funciones que Bet365 y Sportium conceden a Facebook y Twitter.
2. Estudiar los mecanismos de publipromoción empleados.
3. Evaluar la participación generada entre los usuarios.

Para alcanzar los objetivos propuestos, el estudio parte de las siguientes hipótesis:

1. Sportium prioriza la función publipromocional, mientras que Bet365 concede más importancia a la búsqueda de la participación del usuario.

2. Bet365 y Sportium utilizan distintas fórmulas para publipromocionar sus servicios en Facebook y Twitter.

3. Bet365 consigue desperar una mayor participación entre los usuarios.

3. Método – Desarrollo del trabajo

3.1. Técnica

La presente investigación se encara a través de la técnica del análisis contenido cuantitativo. Esta técnica consiste en un conjunto de instrumentos metodológicos, cada vez más perfectos y en constante mejora, aplicados a «discursos» -contenidos y continentes-extremadamente diversificados (Bardin, 1996). Krippenforff, a su vez, la define como «una técnica de investigación destinada a formular, a partir de ciertos datos, inferencias reproducibles y válidas que puedan aplicarse a su contexto» (Krippendorff, 1990).

El análisis de contenido permite efectuar una descripción objetiva, sistemática y cuantitativa del contenido manifiesto de los mensajes comunicativos (Bardin, 1996). En este trabajo, los mensajes estudiados se encuentran en los tuits seleccionados para el análisis.

3.2. Modelo de análisis

El modelo de análisis diseñado se articula a partir de dos grandes ejes:

- Identificar las funciones que cumplen las publicaciones recopiladas.

- Analizar la repercusión que generan estas publicaciones.

Para el estudio de las funciones se ha seleccionado una serie de categorías homogéneas, exhaustivas, objetivas y excluyentes (Bardin, 1996), por lo que dentro de una misma clasificación, ningún elemento debe figurar en más de una casilla (Kientz, 1974: 173); no obstante, otras clasificaciones sí permiten combinar varias opciones, así que en estos supuesto se emplean categorías combinables.

3.2.1. Definición de la muestra

Se ha estudiado la actividad en Twiter y Facebook desarrollada durante el mes de enero del año 2018 por las cuentas en español de Bet365 y Sportium. De este modo, se ha analizado un total de 1418 tuits -892 de Bet365 y 526 de Sportium-y 151 publicaciones de Facebook -87 de Bet365 y 64 de Sportium-.

3.2.2. Funciones de los tuits

Para determinar las funciones que las empresas de apuestas deportivas
conceden a las redes sociales, se han establecido ocho categorías con sus
respectivas subcategorías (Tabla 1):

Función	Descripción
Información	Mensajes que comunican datos o hechos, generalmente relacionados con algún deporte, evento deportivo o deportista.
Participación	Fórmulas para apelar a los usuarios, incitarlos a la acción y conseguir que se sientan importantes o integrados. Esta categoría contiene mensajes que lancen preguntas, encuestas y concursos, entre otros.
Interacción	Cualquier tipo de respuesta que la empresa brinde a los usuarios que se dirigen a ella.
Publipromoción	Tuits en los que se publicitan distintos servicios, ofertados por la propia empresa.
Fomento del juego responsable	Recordatorios sobre el riesgo que conlleva apostar de forma desmedida.
Humor	La empresa lanza contenido humorístico para mostrarse cercana con el usuario.
Otro	Cualquier mensaje que no encaje en las categorías anteriores

Tabla 1: Categorías establecidas para el análisis de las funciones.
Fuente: Elaboración propia.

Cuando se registren publicaciones en las que se lanza una pregunta para, a
continuación, introducir una oferta, se clasificarán dentro de la categoría
«Promoción».

La categoría «Promoción» se desglosa en dos subcategorías que, a su vez,
incluyen dos opciones excluyentes, para conocer si la compañía utiliza el
seguimiento de un acontecimiento deportiva para publicitar la oferta lanzada:

En primer lugar, se analiza si se la compañía aprovecha la cobertura de un
acontecimiento deportivo para lanzar la promoción:

- Insertada en la cobertura de un evento en directo: Publicaciones que
aprovechan la cobertura de un evento en directo para promocionar
una oferta. Por ejemplo, aprovechan que un equipo anota un gol
para publicitar una apuesta relacionada con cuál será el siguiente
equipo o jugador en marcar gol.

- No insertada en la cobertura de un evento en directo: Mensajes que
invitan al usuario a apostar por un evento concreto, sin insertar esta
promoción dentro de la cobertura de un evento en directo.

Además, también se valora si la promoción se difunde acompañada de algún tipo de contenido informativo que pueda facilitar al usuario a la hora de escoger su apuesta:

- Incorpora algún tipo de contenido informativo: Publicaciones que vienen acompañadas de información deportiva, como un vídeo en el que se indiquen las claves de la jornada o un enlace que dirija a un blog que contenga la previa de un partido.

- No incorpora contenido informativo: Mensajes que invitan al usuario a apostar, sin ofrecerle ningún tipo de ayuda ni recomendación.

La función «Participación», a su vez, se divide en las siguientes subcategorías excluyentes:

- Preguntas: Publicaciones que plantean una pregunta con el objetivo de que el usuario se exprese y aporte su opinión al respecto.

- Sorteos y concursos: Mensajes que anuncian sorteos y concursos.

- Encuestas: Preguntas planteadas mediante la herramienta que Twitter habilita para formular encuestas.

- Reacciona: Publicaciones que apelan al usuario a reaccionar con alguno de los botones que ofrecen Twitter y Facebook —retuit y me gusta en la primera; me gusta, me encanta, me divierte, me asombra, me entristece y me enfada en la segunda-para mostrar su opinión.

Por último, dentro de las publicaciones con finalidad interactiva se distingue entre las siguientes opciones:

- Atención al cliente: Publicaciones destinadas a ayudar al usuario en el supuesto de que tenga alguna duda, reclamación, queja o problema relacionado con la actividad de la empresa.Por ejemplo, mensajes que responden a reclamaciones de pago, a problemas de acceso a la web o a dudas acerca de cómo cobrar una apuesta ganada.

- Otro: La interacción cumple una función distinta a la atención al cliente.

4. Resultados

4.1. Funciones de los tuits

En primer lugar, se presentan los resultados relacionados con las funciones que cumplen las publicaciones analizadas (tabla 2). Sportium sigue un patrón similar en ambas redes sociales, con un predominio marcado de las publicaciones promocionales. Bet365, a su vez, modifica la estrategia de forma clara: en Facebook utiliza casi un 70% de sus publicaciones para motivar la participación del público, pero en Twitter efectúa un reparto más equilibrado donde la principal atención la reciben los tuits que persiguen una finalidad informativa.

	Twitter Bet365	Twitter Sportium	Facebook Bet365	Facebook Sportium
Participación	29,5% (262)	7% (35)	69% (60)	3% (2)
Publipromoción	13% (117)	54% (285)	- (0)	75% (48)
Información	35% (312)	30% (155)	31% (27)	14% (9)
Interacción	5% (45)	8% (44)	- (0)	- (0)
Juego responsable	8% (72)	- (0)	- (0)	2% (1)
Humor	7,5% (67)	- (0)	- (0)	- (0)
Otro	2%	1% (1)	- (0)	6% (4)

Tabla 2: Funciones de las publicaciones analizadas. Fuente: Elaboración propia.

4.2. Repercusión de las publicaciones

Las publicaciones lanzadas por Bet365 consiguen una mayor repercusión tanto en Twitter (tabla 3) como, sobre todo, en Facebook (tabla 4). Se trata de una diferencia considerable, pues las cifras alcanzadas por Bet365 multiplican las cantidades que logra Sportium[2].

	🔁	❤️
Twitter Bet365	22,32	67,54
Twitter Sportium	0,76	1,36

Tabla 3: Repercusión de las publicaciones analizadas. Fuente: Elaboración propia.

	👍	✏️	↪️	❤️	😆	😮	😢	😠
Facebook Bet365	2795	487	204,26	284,78	110,71	23,85	65,12	9,85
Facebook Sportium	3,47	1,95	2,5	0,03	-	-	-	-

Tabla 4: Repercusión de las publicaciones analizadas (II). Fuente: Elaboración propia.

---

[2] Las cifras que aparecen representan la cantidad media de reacciones que generan las publicaciones transmitidas a través de las redes estudiadas.

4.3 Mecanismos de promoción empleados

Del mismo modo que sucede en los apartados anteriores, también se detectan diferencias entre Bet365 y Sportium a la hora de lanzar publicaciones promocionales. La primera le concede una importancia mucho menor que la segunda –de hecho, en Facebook no difunde ni un solo mensaje persiguiendo esta finalidad–y, además, también emplean métodos diferentes. Bet365 inserta casi el 70% de los tuits promocionales en la cobertura de eventos deportivos. De este modo, utilizan tuits para informar acerca del desarrollo de, por ejemplo, un partido de fútbol; anuncian las alineaciones con las que iniciarán elpartidos los dos equipos, informan del resultado cuando finaliza la primera parte y, a continuación, lanzan un tuit en el que ofrecen distintas apuestas, como cuál será el próximo equipo en marcar gol o cuál será el resultado al final del partido.

Sin embargo, Sportium no incluye esta técnica en ninguna de las publicaciones promocionales que lanza a través de Facebook y solo la utiliza en un 35% de los tuits que persiguen esta finalidad. Se trata de otra muestra que evidencia que ambas compañías siguen estrategias diferentes.

	Insertada en cobertura	No insertada en cobertura
Facebook Bet365	- (0)	- (0)
Facebook Sportium	- (0)	100%
Twitter Sportium	35% (99)	65% (186)
Twitter Bet365	68% (79)	32% (38)

Tabla 5: Promociones insertadas en la cobertura de eventos. Fuente: Elaboración propia.

No obstante, Sportium utiliza otro método que consiste en facilitar al usuario información relacionada con el evento que promociona (tabla 6).

	Incorpora contenido informativo	No incorpora información
Facebook Bet365	- (0)	- (0)
Facebook Sportium	96% (46)	4% (2)
Twitter Sportium	57% (163)	43% (122)
Twitter Bet365	- (0)	- (0)

4.4 Mecanismos de participación empleados

Otra de las diferencias en la estrategia comunicativa radica en las herramientas que emplean para propiciar la participación del usuario (tabla 7). Sportium apuesta por el lanzamiento de concursos y sorteos con los que premiarlo, mientras que Bet365 opta por plantear preguntas para conocer su opinión respecto a determinados temas.

	Sorteos y concursos	Preguntas	Encuestas	Reacciona
Facebook Bet365	- (0)	88% (53)	- (0)	12% (7)
Facebook Sportium	100% (2)	- (0)	- (0)	- (0)
Twitter Sportium	69% (24)	17% (6)	14% (5)	- (0)
Twitter Bet365	24% (61)	36% (88)	7% (19)	33% (87)

Tabla 7: Mecanismos de participación empleados. Fuente: Elaboración propia.

4.5 Conversación entre usuarios generada

Las publicaciones difundidas mediante la cuenta de Faceoook de Bet365 son las únicas que consiguen generar conversación entre usuarios de forma recurrente (tabla 8). Además, estas conversaciones también son más profundas que las que se producen en el resto de redes sociales analizadas, pues la media de respuestas o intervenciones es muy superior.

	Genera conversación entre usuarios	No genera conversación	Media intervenciones
Facebook Bet365	87% (76)	13% (11)	37
Facebook Sportium	3% (2)	97% (62)	3
Twitter Sportium	0,2% (1)	99,8% (525)	3
Twitter Bet365	8% (67)	92% (835)	8

Tabla 8: Conversación entre usuarios generada. Fuente: Elaboración propia.

Sin embargo, ninguna de las empresas se involucra en la conversación entre usuarios que genera (tabla 9). Es importante recordar que, a pesar de que Facebook aparezca con un 100% de participación, este porcentaje hace referencia a una sola conversación, por lo que no debe considerarse una conducta habitual.

	Participa en la conversación	No participa
Facebook Bet365	8% (6)	92% (70)
Facebook Sportium	100% (1)	- (0)
Twitter Sportium	- (0)	100% (1)
Twitter Bet365	- (0)	100% (67)

Tabla 9: Participación en la conversación entre usuarios. Fuente: Elaboración propia.

4.6 Finalidad de la interacción

Por último, la atención al cliente se impone como la finalidad perseguida en las ocasiones en las que la compañía interacciona con el usuario (tabla 10):

	Atención al cliente	Otro
Facebook Bet365	- (0)	- (0)
Facebook Sportium	- (0)	- (0)
Twitter Sportium	98% (43)	2% (1)
Twitter Bet365	100% (45)	- (0)

Tabla 10: Finalidad de la interacción entre empresa y usuario. Fuente: Elaboración propia

5. Conclusiones y discusión

La labor de investigación efectuada ha permitido alcanzar los objetivos iniciales. Tras valorar las funciones que las compañías analizadas conceden a Facebook y Twitter, estudiar los mecanismos de promoción empleados y evaluar la participación generada, se confirman las tres hipótesis planteadas.

En primer lugar, los datos exponen que existe una diferencia notable en la concepción que Sportium y Bet365 poseen de sus redes sociales, pues las han orientado hacia distintos horizontes. Mientras Sportium la concibe, principalmente, como una herramienta de publipromoción, Bet365 concede una mayor importancia a la búsqueda de la participación del usuario, a intentar activarlo, integrarlo y —sobre todo, en Facebook-a generar conversación.

La estrategia seguida por Sportium es bastante frecuente. La publicidad, la promoción y las relaciones públicas son componentes fundamentales de cualquier modelo de gestión de redes sociales en línea (Weinberg & Pehlivan, 2011), aunque, a diferencia de lo que sucede en otros sectores (Marauri Castillo, Pérez Dasilva y Rodríguez González, 2015), en el del juego privado los mensajes publipromocionales no son los que reciben un mayor número de «me gusta» y comentarios.

En Bet365, a su vez, apenas entregan relevancia a la publipromoción y centran su actividad en acercarse al usuario y generar comunidad. Además, como indican estudios anteriores (Cervera, 2018) a través de FacebookBet365 ha conseguido alcanzar una de las claves motivadas por la introducción de las redes sociales en el campo de la comunicación empresarial: generar una conversación multidireccional, donde su discurso queda «complementado tanto por el de los consumidores hacia la marca como por el de los consumidores entre sí (Madinaveitia, 2014)».

No obstante, en el debe de la compañía quedan todavía dos cuestiones que podría intentar. La primera consiste en intentar obtener en Twitter una repercusión similar a la alcanzada en Facebook. Se trata de una empresa complicada, pues los usuarios conciben Facebook como su red social favorita para difundir mensajes intercomunitarios (Pérez Dasilva et al, 2013).

Las diferencias existentes entre las compañías analizadas también se aprecian en los mecanismos publipromocionales empleados aunque, en este caso, a pesar de utilizar distintas fórmulas, estas presentan ciertas semejanzas. La inserción de las publipromociones en la cobertura de eventos en directo y la inclusión de contenido informativo con la finalidad de ayudar al usuario a apostar presentan un rasgo común: su similitud con el periodismo deportivo. Así pues, tanto Sportium como Bet365 vinculan sus publicaciones promocionales a la creación y difusión de contenido prácticamente periodístico. Aparte de por la finalidad promocional que persiguen, estas publicaciones pueden ser de gran utilidad para las empresas, pues la publicación de contenido actualizado que aporte valor al usuario supone un mecanismo notable para conseguir seguidores fieles y aumentar la influencia de la cuenta (Pérez Dasilva, Santos y Meso Ayerdi 2015).

Respecto a la participación, las diferentes vías empleadas se adaptan a las estrategias seguidas por cada compañía. Sportium propone concursos y sorteos para premiar económicamente a sus seguidores, mientras que Bet365 apela al usuario a participar, expresarse y dialogar a través del planteamiento de preguntas relacionadas con el mundo del deporte. Se genera, así, un un debate similar al generado en las cajas de comentarios de los diarios deportivos *online* (Cervera, 2018).

Para finalizar, uno de los pocos rasgos comunes detectados en el uso de Facebook y Twitter es el escaso protagonismo que le entregan a la atención al cliente. En Facebook, no le dedican ninguna atención a este función, pese a que otras investigaciones sostienen que Facebook es una plataforma en la que los clientes reportan incidentes y problemas relacionados con los productos y servicios, plantean preguntas relacionadas con la oferta de la empresa y manifiestan sus quejas (Valerio Ureña et al, 2015).

Además, a pesar de que la inmensa mayoría de los tuits dedicados a interactuar con el usuario sí que cumplen esta función, el porcentaje que suponen sobre el total de mensajes tuiteados —en ninguna de las empresas alcanza el 10%-demuestra que la atención al cliente no recibe la importancia que sí le conceden otras compañías. Esta característica supone una ruptura respecto a otros sectores, pues otras investigaciones (Pérez Dasilva et al, 2013; Iturregui Mardaras et al, 2014) señalan que uno de los prinicipales cometidos de las empresas en Twitter es ofrecer un servicio de atención al cliente.

6. Referencias bibliográficas

Bardin, L. (1996) *Análisis de contenido*. Madrid: Akal.

Brindley, C. (1999). The marketing of gambling on the Internet. *Internet Research*, 9(4), pp.281–286.

Cervera, J.L. (2018). Comunicación empresarial por parte de empresas del sector del juego privado. El caso Bet365: la búsqueda de la participación y el diálogo entre usuarios en Facebook. En J. Benavides (Presidencia). *XIX Foro de investigación en comunicación. Empresas, industrias mediáticas y contenidos*. Asociación Foro para el Conocimiento y la Investigación de la Comunicación, Salamanca.

Chu, S. (2011). Viral Advertising in Social Media : Participation in Facebook Groups and Responses Among College-Aged Users. *Journal of Interactive Advertising*, 12(1), pp.30–43.

Deans, E.G. et al. (2017). The influence of marketing on the sports betting attitudes and consumption behaviours of young men: Implications for harm reduction and prevention strategies. *Harm Reduction Journal*, 14(1), pp.1–12.

Dirección General de Ordenación del Juego (2018). T4 2017 Informe trimestral Mercado del juego online en España. Madrid: Gobierno de España. Recuperado de goo.gl/JxsNqW

Heinonen, K. (2011). Consumer activity in social media: Managerial approaches to consumers' social media behavior. *Journal of Consumer Behaviour*, 10(6), pp.356–364.

Interactive Advertising Bureau (2017). Estudio anual redes sociales 2017. Recuperado de https://goo.gl/c9ejFa.

Iturregui, L., Pérez, J.Á. & Marauri, I. (2014.) Imagen, servicio, conversación... ¿qué buscan y ofrecen las empresas que tuitean? Análisis de las compañías españolas más activas en Twitter. *Zer*, 19, Num 36, pp.145–163.

Jahn, B. & Kunz, W. (2012). How to transform consumers into fans of your brand R. Verma, ed. *Journal of Service Management*, 23(3), pp.344–361.

Johnston, M.A. & Bourgeois, L.R. (2015). Third-person perceptions of gambling sponsorship advertising. *Sport, Business and Management: An International Journal*, 5(5), pp.413–434.

Kientz, A (1974). *Para analizar los mass media*. Valencia: Fernando Torres.

Krippendorff, K. (1990) *Metodología de análisis de contenido. Teoría y práctica*. Barcelona: Paidós Ibérica.

Ley 13/2011, de 27 de mayo de 2011, de Regulación del Juego. Boletín Oficial del Estado. Madrid, 28 de mayo de 2011, núm 127, pp. 52976-53022

Lloret, D., Cabrera, V., Cánovas, M., Castaños, A., Martínez, V. & Moreno, A. (2016). *Juego de apuestas en adolescentes de la provincia de Alicante. Prevalencia y factores asociados.*

Madinaveitia, E. (2010). La publicidad en medios interactivos. En busca de nuevas estrategias. *Telos, 82*, 1-12.

Marauri, I., Pérez Dasilva, J., Rodríguez González, M. (2015). La búsqueda de la comunidad de marca en las redes sociales. Los casos de Telepizza, Vips y Burger King. *Trípodos* (37), 139-144.

Nadkarni, A. & Hofmann, S.G. (2012). Why Do People Use Facebook? *Personality and individual differences*, 52(3), pp.243–249.

Pérez Dasilva, J.A., Genaut, A., Meso Ayerdi, K., Mendiguren, T., Marauri, I., Iturregui Mardaras, L., Rodríguez González, M.M., Rivero Santamarina, D. (2013). Las empresas en Facebook y Twitter. Situación actual y estrategias comunicativas. *Revista Latina de Comunicación Social, 68*, 676-695

Pérez Dasilva, J.A., Santos, M.T., Meso Ayerdi, K. (2015): Radio y redes sociales: el caso de los programas deportivos en Twitter. *Revista Latina de Comunicación Social, 70*, 141-155.

Valerio Ureña, G. et al. (2015). Propósitos de la comunicación entre empresas y sus seguidores en Facebook. *Revista Latina de Comunicacion Social, 70*, pp.110–121.

Weinberg, B.D. & Pehlivan, E. (2011). Social spending: Managing the social media mix. *Business Horizons*, 54(3), pp.275–282.

CAPÍTULO VI

CONVERGENCIA Y CONSUMO: DINO AVENTURAS ADEMÁS DE LA TELEVISIÓN

Marcus Vinícius Guio de Camargo

Universidade Anhembi Morumbi, Brasil

Resumen

Esta investigación tiene como objetivo discutir la convergencia de medios propuesto por la serie brasilenã infantil *Dino Aventuras,* que también se muestra en México, España, Portugal, Rusia y Polonia, el análisis de las estrategias de aproximación con su público objetivo y la utilidad de la serie obra audiovisual mediadora de una marca en la actualidad, donde es recurrente la discusión acerca de los límites éticos de la publicidad infantil. Con la inversión de la marca *Danone* y utilizando Dino, mascota de los productos, es ejemplo de un proceso donde cada vez más las demarcaciones entre medios son superadas, pues se ofrece el contacto con el universo de la serie por medio de contenido disponible en *Youtube,* juegos para mobiles y aplicaciones como *Las Aventuras de Dino,* desarrollada en colaboración con la Universidad de Cataluña, revelando la creciente imprecisión de la frontera entre contenido de entretenimiento y mensajes publicitarios.

Palabras claves

Dino Aventuras, animación, infantil, convergencia, consumo

1. Introducción

En los últimos años, gracias al espacio para producción brasileña en las emisoras transmitidas en el país ya los editales que pudieron impulsar el mercado de series de animación en Brasil, hubo un crecimiento considerable en el número de estrenos en la televisión brasileña. Es significativa la cantidad de coproducciones nacionales e internacionales con emisoras destinadas al público infantil, así como el número de producciones brasileñas que conquistaron espacio en el exterior. Incentivos para el desarrollo de programas de televisión por el *Fundo Setorial Audiovisual* (FSA) se potenciaron con la *Lei da TV Paga*[3], que entró en vigor en 2011, generando impactos positivos en el audiovisual brasileño. Según datos[4] de 2015, suministrados por *Agência Nacional de Cinema* (ANCINE), los canales infantiles sobrepasaron la transmisión de contenido brasileño en el 92,4% más allá de lo exigido por la Ley.

Es visible, sin embargo, por medio de la observación del mercado y también de investigaciones ya publicadas, el vínculo expresivo entre las producciones brasileñas de animación y los edictos públicos para viabilizar proyectos, exponiendo las producciones a períodos de crisis política, como las turbulencias en el Ministerio de Cultura durante el gobierno Temer[5], generando inseguridad en la continuidad de las medidas que contribuyeron a la consolidación de este mercado - problema que también puede observarse en los demás países con mercado audiovisual en desarrollo.

Los estudios de animación poseen como principales fuentes de ingresos el licenciamiento de productos, la venta de temporadas de series producidas para emisoras y, paralelamente, la creación de animaciones para anuncios. Los cambios en la legislación en cuanto al contenido publicitario vehicular para niños modificaron el mercado de películas publicitarias y también la programación lineal de las emisoras abiertas en Brasil, con el alejamiento de los anunciantes en los horarios destinados al público infantil. Además de

---

[3] Según la Ley 12.485 / 2011, conocida como Lei da TV Paga, cerca de tres horas y treinta minutos semanales del horario noble de las emisoras vehiculadas en Brasil deben ser dedicadas a la difusión de contenidos audiovisuales brasileños, siendo que por lo menos la mitad debe ser producida por productoras de las brasileñas independientes.

[4] Triplica quantidade de conteúdo nacional independente na TV paga. Telesintese. https://goo.gl/JrDZ4Y

[5] En mayo de 2016 el Ministerio de Cultura (MinC) brasileño perdió el estatuto de ministerio y se mantuvo durante algunos días bajo la condición de Secretaría Nacional de Cultura, a cargo del Ministerio de Educación. Con la dificultad de nombrar a alguien para asumir la secretaría y la presión de la clase artística, el MinC fue reactivado y tuvo, en un corto intervalo, cuatro ministros frente a él, en medio de renuncias y escandalos.

estos cambios, marcas y agencias también encontraron la necesidad de estudiar nuevas formas de comunicación con un nuevo público, familiarizado con diferentes medios, exigente y con mayor poder para decidir lo que quiere asistir, proponiendo contenidos con capacidad para vender, pero también informar , entretener y ser útil en el cotidiano.

En el actual escenario, entre algunos destaques de la TV por suscripción, podemos evidenciar como uno de los proyectos exitosos la serie *Dino Aventuras*, de 2015, coproducción de *Disney Channel*, con inversiones de la marca *Danone* e independiente de inversiones públicas. La serie tiene como protagonista al personaje Dino, mascota del producto *Danonino*, conocido hace tiempo en algunos países, pero introducido en las propagandas brasileñas a partir de los años 2000. Además de Dino, no vemos conexiones y referencias con la marca dentro de la serie, ya sea en menciones a los productos o en exposiciones del logotipo de la empresa.

La serie, que logró cautivar a la audiencia del público infantil y ya fue exportada a más de diez países, se pasa en un universo idílico en el que, a bordo de un barco volador, una tripulación de dinosaurios recibe nuevas aventuras por medio de un ave mensajera a cada episodio, buscando presentar temas oportunos para el desarrollo infantil, como el respeto a las diferencias, sostenibilidad y trabajo en equipo. Podemos observar que, en la segunda temporada, la temática elemental es el estímulo a la autonomía y autoconfianza, donde se presentan soportes de identificación para el espectador infantil ante las cualidades personales de los personajes.

Figura 1: Animación *Dino Aventuras* (2015)

De acuerdo con el material de divulgación de la serie, publicado[6] por portales de noticia y entretenimiento, el creador de la serie comenta que *Danone*, apoyadora del proyecto, cedió a su personaje pues cree y alienta el desarrollo de la producción brasileña y de las productoras independientes. Observando la constante evolución del mercado y las imposiciones de la legislación vigente en cuanto a la publicidad para el público infantil, podemos constatar que la marca amplía, por consiguiente, su aproximación con este público de forma eficaz ante las restricciones, que proponemos presentar en el presente documento, a la publicidad. El público infantil, además del contacto con la mascota y protagonista de la serie en las propagandas vehiculadas en canales pagados, se mantiene envuelto con el universo de la serie durante la exhibición de los episodios y, fuera de la TV, tiene su relación continua por medio de aplicaciones para tablet, móviles, juegos en internet y contenidos vehiculados en Youtube. En el marco de esta convergencia de medios, podemos percibir la alteración en la relación entre tecnologías existentes, industrias, mercados, géneros y públicos en la contemporaneidad, fenómeno ya observado por Jenkins (2008, p.43), que es ejemplificada por el autor al citar el foco de la antigua Holywood en los cines y el posterior

---

6 Série Dino Aventuras estreia nos canais Disney. Infoanimation. https://goo.gl/wdLXFR

interés en el control de toda la industria del entretenimiento. De acuerdo con el autor, incentivar esta convergencia "significa un cambio en los patrones de propiedad de los medios de comunicación" (p.44).

En contraste, esta omnipresencia mediática es capaz de influir profundamente en los aspectos de la vida diaria, de modo que puede inducir al individuo a identificarse con ideologías, posiciones sociales y políticas dominantes, motivados por los placeres ofrecidos por los medios y el consumo, como sugiere Kellner (2001). De acuerdo con el autor, "la cultura de los medios y la de consumo actúan de la mano para generar pensamientos y comportamientos ajustados a los valores, a las instituciones, a las creencias y las prácticas vigentes" (Kellner, 2001, pg.11).

De esta forma, a fin de contribuir con el tema, la propuesta de este artículo es hacer un análisis de la convergencia establecida en Dino Aventuras, debatiendo sobre la tenue frontera entre contenido audiovisual y propaganda publicitaria, en un momento pertinente para el debate de los límites éticos del contenido publicitario vehiculado al público infantil, así como la intención entre los valores propuestos para ser pasados al espectador y las estrategias de marketing de la empresa.

Para ello, el artículo fue organizado en tres grandes tópicos: En primer lugar, abordamos la convergencia entre los medios propuestos por los creadores de la serie y el concepto de la economía afectiva, a través de las reflexiones de Henry Jenkins (2007), además de la relación de implicación e interacción con el público, proporcionada por la intensa exposición del personaje mascota en el cotidiano de los niños. Adicionalmente, también recurriremos a las reflexiones de Nicolas Montigneaux (2003), abordando la utilización de las mascotas en los medios y su relación con el espectador infantil. De esta forma, daremos continuidad exponiendo brevemente acerca de la legislación vigente en cuanto a la publicidad dirigida al público infantil y los cambios mercadológicos resultantes de las discusiones sobre el tema. En la tercera parte, abordaremos las reflexiones sobre la cultura de medios y de consumo utilizando Douglas Kellner (2001), complementadas por los argumentos de Henry Giroux (2003) sobre contenidos producidos por grandes corporaciones. De esta forma, podremos contextualizar las importantes reflexiones investigadas para, finalmente, concluir sobre las estrategias de aproximación de *Dino Aventuras* con su público objetivo en la utilización de medios diversos.

2. Dentro y fuera de la TV

Dino Aventuras, con estreno en 2015 y actualmente exhibida en los canales *Disney Channel, Disney Junior* y *Discovery Kids*, se consolidó como una importante atracción en la programación de estas emisoras. Podemos constatar, por medio de datos proporcionados por ANCINE[7] en octubre de 2017, con base en informaciones extraídas con el *Certificado de Producto Brasileño* (CPB) de las obras intantis producidas, que la serie está entre los tres programas nacionales con más horas de exhibición en horario en la programación de los canales *Disney* en Brasil. Considerando todos los canales infantiles de la TV por suscripción, la serie también es la tercera animación brasileña con más horas de exhibición en horario noble en este período.

Exportado a varios países, *Dino Aventuras* es el ejemplo de un proceso donde cada vez más las fronteras entre los medios de comunicación se superan, de modo que este universo pierde su conexión con sólo un medio de comunicación y se ofrece de varias formas. En la actualidad, el niño mantiene su contacto con el universo de la serie por medio de contenido disponible en canales de *Youtube*, juegos *online*, en consejos y actividades propuestas por el personaje Dino en la página oficial de *Danonino* y por medio de aplicaciones. En España, por ejemplo, en colaboración con la *Universidad de Cataluña*, con apoyo y supervisión de *Danone*, se creó la aplicación *Las Aventuras de Dino*, que busca enseñar, entretener y transmitir valores como la amistad, la relación familiar y la importancia de preservar el medio ambiente, utilizando juegos e historias, además de estimular que algunas prácticas sean realizadas fuera de la aplicación, como actividades físicas y tareas que enseñan al niño a arreglar la habitación, cepillarse los dientes, atar los cordones del tenis y construir objetos. Todas las prácticas propuestas por la aplicación poseen soporte para el desarrollo cognitivo del usuario, pero también trabajan con el desarrollo emocional y físico. Las aventuras fueron pensadas para ser practicadas en compañía y también de modo individual, por medio de misiones con fases que pueden ser desbloqueadas con el avance de desempeño.

También hay un espacio para que los responsables acompañen estadísticas sobre el desempeño del niño en las actividades propuestas, las puntuaciones en juegos, las habilidades más desarrolladas y sus avances.

Otras actividades son intencionalmente pensadas para ser realizadas con los padres y responsables, como explorar bosques, cocinar y aprender a nadar.

---

[7] Ranking mensal das obras brasileiras de espaço qualificado com mais horas de programação em horário nobre. ANCINE. https://goo.gl/3UgdLG

Figura 2: Algunas misiones de la aplicación *Las Aventuras de Dino*

De acuerdo con Jenkins, en el mundo de la convergencia de medios "toda la historia importante es contada, toda marca es vendida y todo consumidor es cortejado por múltiples plataformas de medios" (Jenkins, 2008. p.29). Al tomar esto en cuenta, podemos afirmar que esa actual convergencia fue un cambio gradual en el modo en que el público pasó a interactuar con las diversas plataformas y medios, y ese cambio tiene impacto en la forma en que nos relacionamos, aprendemos y consumimos. De esta forma, es imprescindible que las marcas inviertan en experiencias de participación que estimulen la interactividad y participación de sus consumidores. Trayendo interacción y beneficios como los propuestos por la aplicación, se crea implicación también con los responsables, además de la confianza depositada en el material desarrollado.

En *Dino Aventuras*, la experiencia de participación propuesta por la marca actúa de forma efectiva, dentro y fuera de la televisión, con su público y consumidor. Al utilizar la mascota Dino, ya conocida en las campañas publicitarias, estas producciones no encuentran la necesidad de mencionar la marca y tampoco sus productos alimenticios, ya que, dedicándose a la participación con el joven espectador, está automáticamente adquiriendo el retorno de fidelidad a la empresa y sus productos. Dino tiene el poder de inspirar a su público y pasar mensajes y valores que, indirectamente, se atribuyen a *Danone*, alcanzando su objetivo como mascota. Una mascota, en esa perspectiva, actúa como mediador entre marca y niño, presentando así la función de suplemento de la marca. Montigneaux (2003) sugiere que esa relación entre la mascota y el espectador infantil se sustenta en la representación psíquica que el niño hace del personaje, como una especie de reflejo de sí misma. Según el autor, el personaje cautiva al niño pues genera, junto al reconocimiento, la proyección del niño en ese personaje:

- Es el polo adulto del personaje que va a ayudar al niño a resolver las dificultades cotidianas. En cuanto el personaje encuentra problemas cercanos a los del niño, él inventa soluciones y sugiere al niño, inconscientemente, que las adopte. (p.141)

- Esta identificación con la mascota e interacción propuesta por el conjunto audiovisual de *Dino Aventuras* nos lleva al concepto de la nueva *economía afectiva* presentada por Jenkins, cuando los consumidores y espectadores infantiles, o incluso sus responsables, son activos y comprometidos emocionalmente con la marca. Esto hace que las empresas reflexionen sobre el nuevo consumo de medios y los modelos de programación y marketing desfasados. Para Jenkins (2008), las empresas acaban por moldearse, repensando su interfaz con el público consumidor:

- La nueva *economía afectiva* alienta a la empresa a transformar las marcas en lo que una persona del medio de la industria llaman *lovemarks* y hace imprecisa la frontera entre contenidos de entretenimiento y mensajes publicitarios. (p.48)

- Dino, actuando como mascota y protagonista de la serie, es capaz de generar una relación intensa con el espectador infantil, pues el contacto con ese espectador sobrepasa la dimensión del producto, asegurando mayor visibilidad y ampliando el afecto e identificación con la empresa, entrando en el concepto de las *lovemarks*[8], considerando que se trabaja la memorización del personaje mascota y, al mismo tiempo, el apego por la marca. En esta perspectiva, Dino actúa como mediador entre *Danone* y el niño, presentando así la función de suplemento de la marca, en tiempos donde debates acerca de la publicación de publicidad para el público infantil modificó la forma de abordaje y también los medios de exhibición de la animación en la TV abierta.

---

[8] Lovemarks es un concepto desarrollado por Kevin Roberts, CEO mundial de Saatchi & Saatchi, para designar la relación emocional de determinado público por una marca, generando fidelidad más allá de la razón.

3. La publicidad y el público infantil

Podemos observar, siguiendo el proceso inverso al de *Dino Aventuras*, que caminó de la publicidad para el entretenimiento, el fenómeno de licenciamiento, que tomó amplitud en el mundo en la década de 1970, presentando hoy un crecimiento considerable en Brasil, debido al desarrollo del mercado de animación en la última década. De acuerdo con la entrevista[9] cedida por Célia Catunda, socia del estudio y productora brasileña *TV Pinguim*, para la columna *Istoé Dinheiro*, la empresa responsable de las series *O Show da Luna* y *Peixonauta*, hace pocos años ya poseía más de 3.000 productos licenciados, hechos por 20 empresas , representando el 35% de los ingresos del estudio. Empresas como *Mauricio de Sousa Produções,* creadora de las revistas e animaciones de la *Turma da Mônica,* poseen una facturación aún mayor, propagando sus personajes en envases de productos que van desde artículos de higiene hasta alimentos - incluyendo productos de la marca *Danone.*

Figura 3: Danone Turma da Mônica

Las imposiciones de la actual legislación relacionada al uso de animaciones en publicidad y la exhibición de publicidad dirigida al público infantil contribuyeron a grandes cambios en la programación de la televisión abierta brasileña. En vigor, la Resolución n° 163/2014 del *Conselho Nacional da*

---

[9] Um rival para Turma da Mônica. Istoé Dinheiro: 2011. https://goo.gl/AViyDR

Criança e do Adolescente, que dispone sobre la abusividad del direcciona-miento de publicidad y de comunicación mercadológica al niño y al adolescente, tras mucha discusión acerca de ética y del estímulo precoz al consumo, que hace visible los cambios en la forma de enfoque de las marcas y también en la forma de mostrar contenido. El tema fue objeto de críticas de grandes nombres del entretenimiento brasileño, como *Maurício de Sousa Produções* que, hasta 2012, facturaba U$ 830 millones al año con miles de productos licenciados[10] . Hay muchas otras propuestas desde hace años en tramitación en el Senado, como el Proyecto de Ley n° 493/2013 que busca gantir, bajo la pena de multa, el veto a la propagación de propagandas del género en horario diurno.

El primer cambio visible, resultante de la incertidumbre y de la creciente discusión sobre el tema, fue la pérdida de espacio de las animaciones y contenidos infantiles en la programación de la TV abierta. Las medidas citadas anteriormente, reforzadas por la inseguridad de las emisoras y de las empresas en la posibilidad de nuevas imposiciones y aprobación de leyes tramitadas hace años, acabaron por alejar a los anunciantes de productos cuyo público objetivo era el infantil y sostenían la programación para ese público. A poco, los programas exhibidores de animaciones abandonaron las programaciones. *Rede Globo[11]* fue la primera emisora en atentar a los cambios. El programa infantil *TV Globinho*, líder de audiencia en el horario, exhibido todas las mañanas en la emisora, fue retirado de la programación semanal en 2012 y exhibido apenas los sábados hasta 2015. La atracción fue sustituida en 2012 por el programa de información y entretenimiento *Encontro com Fátima Bernardes*, cuyo contenido se dirige principalmente a las mujeres adultas.

Podemos notar que, a pesar de la disminución en número de la audiencia, la nueva atracción trajo nuevas inversiones en las primeras semanas. De acuerdo con la publicación[12] del portal *Meio & Mensagem* en 2012, el nuevo programa consiguió emplacar a 26 anunciantes contra 16 de la antigua atracción. Son datos recogidos por *Controle da Concorrência[13]* y nos muestra que hubo un crecimiento del 62% de los anunciantes en los primeros cinco días del programa. Estos cambios contribuyeron al inicio de una ten-

---

[10] Medida proíbe publicidade dirigida ao público infantil. Jornal do Senado. https://goo.gl/MTvrcz

[11] Rede Globo es una red de televisión comercial abierta brasileña asistida por más de 200 millones de personas diariamente, ya sean en Brasil o en el exterior, a través de la TV Globo Internacional. Es la mayor emisora de Brasil y está entre las más grandes del mundo.

[12] Fátima: menos Ibope, mais anunciantes. Meio & Mensagem. https://goo.gl/XaeZJy

[13] Controle da Concorrência es una herramienta de análisis de medios y marketing que identifica, cuantifica y auditora las transmisiones de medios asistida.

dencia a ser copiada por otras emisoras de la televisión abierta, que encerraron gradualmente la transmisión de dibujos animados en sus programas, haciendo que los canales por suscripción más propicios para la exhibición de las series de animación en Brasil y alentando el uso de nuevos medios digitales para ofrecer entretenimiento a los niños y adolescentes.

También es visible, después de la aprobación de la Ley nº 8985/2012, en vigor, que garantiza el veto a la comercialización productos alimenticios acompañados de obsequios o juguetes, sin que los mismos puedan ser vendidos separadamente en los establecimientos, el cambio en la forma con que se ofrecen los regalos en la compañía de snacks en redes de restaurantes y de alimentos industrializados. Este cambio apuntó la necesidad de adaptación de las marcas en el desarrollo de brindis y también alternativas favorables para la explotación de contenido para dispositivos móviles en las acciones de comunicación con los niños. Un ejemplo de esta adaptación puede ser verificado en los productos de *Danone*, que encontró una forma de divertir al consumidor y promover interacción, a través del aprovechamiento de los envases de sus productos y de contenido multimedia. Para la campaña *Dino Profissões*, se designaron pequeñas botellas coleccionables de yogurt con la forma del personaje Dino, con una variedad de 15 trajes de profesiones diferentes, como constructores, médicos y bomberos.

Utilizando una plataforma digital, se han desarrollado contenidos interactivos que ayudan a presentar las profesiones representadas en las botellas, a través de animaciones exclusivas, música y juegos en línea, a través de smartphones y tablets.

Figura 4: Animaciones exclusivas de Dino Profissões

De forma similar, la marca produjo, en asociación con el IPE, *Instituto de Pesquisas Ecológicas*, algunas versiones, por tiempo limitado, del producto Danoninho con un código digital que permitió al consumidor la creación de un árbol virtual en *Floresta do Dino*, plataforma digital para esta campaña, mientras recibía informaciones sobre preservación y datos investigados por el Instituto. Estimulando los cuidados con el medio ambiente, el árbol de simulación necesitaba ser cuidada en el bosque de Dino para que creciera y fuese contabilizada. De esta forma, cada árbol contabilizado representaría 1 m² de mata nativa verdadera a ser plantada por el IPE.

Figura 5: Primera edición de Floresta do Dino

Según datos[14] publicados por el sitio oficial del Instituto, en menos de un mes, más de 43.000 árboles virtuales fueron plantados, resultando en la plantación real de 43.000 m² de árboles nativos en la Mata Atlántica, alcanzando en total casi 70.000 m² al final de la primera edición de la campaña. El Bosque de Dino también se convirtió en aplicación con informaciones y un juego para smartphones, extendiendo el proyecto inicialmente limitado. para más formas de entretenimiento informativo. La empresa, con la ayuda de Dino y de campañas como ésta, inspira el compromiso del consumidor, la intención de estimular la preocupación con cuestiones ambientales y la transmisión de valores positivos en cuanto al medio ambiente, pero que también acaban por componer los artificios de marketing la empresa.

---

14 Parceria Danone e IPÊ: A Floresta do Dino. https://goo.gl/quAHFD

4. Estrategias de marketing y consumo

La asociación de contenidos y empresas a las causas sostenibles y ecológicas, de acuerdo con algunos teóricos de la comunicación y marketing, puede estar ligada a las estrategias que tienen el propósito de consolidar la imagen de esos productos como mejores o más ventajosos en relación a otros que no expresan las mismas preocupaciones con el medio ambiente. Esta estrategia, además de realzar la imagen y legitimidad de la empresa, pueden estimular el consumo de esos productos considerados superiores. *Dino Aventuras*, en forma seriada y en contenidos para dispositivos móviles, tiene el alcance de reforzar esa imagen, que puede contribuir a la buena audiencia de los contenidos producidos y para la valorización de *Danone*. La empresa, posicionándose de esa forma, estimula también la identificación del espectador con su posición e ideología. Esto forma parte del concepto de la cultura de los medios, descrita por Kellner (2001). El autor defiende que, junto a este concepto, camina la cultura de consumo que "ofrece un deslumbrante conjunto de bienes y servicios que inducen a los individuos a participar en un sistema de gratificación comercial" (Kellner, 2001, pg.11). Siendo así, la cultura de medios y de consumo desearían la gran audiencia, y por eso debe ser eco de asuntos actuales y preocupaciones presentes, como las ejemplificadas previamente. Sin embargo, hay la necesidad de alcanzar la gran audiencia, es beneficioso que este diálogo sea por medio de contenidos educativos y útiles a los consumidores.

Jenkins (2007) apunta que la convergencia de medios alteró la lógica por la cual la industria mediática opera y el modo en que los consumidores procesan el entretenimiento. En el caso de que la convergencia "se refiere a un proceso, no a un punto final "(Jenkins, 2007, p.43), podemos tener en cuenta, además de las reflexiones de Kellner (2001), que el contenido vehiculado por los medios utiliza de ese proceso con la intención de inducir al espectador a conformarse con posiciones y con la organización vigente de las políticas dominantes, si el mismo no adquiere autonomía frente a esa cultura de medios. Al observar el universo construido para la serie Dino Aventuras, sus personajes, objetivos propuestos, el desarrollo de la estructura transmidiática y valores transmitidos a sus espectadores, logramos traer la posición de Kellner en relación a los productos de la cultura de medios y el consumo dominante:

> El entretenimiento ofrecido por estos medios es agradabilísimo y utiliza instrumentos visuales y auditivos, usando el espectáculo para seducir al público y llevarlo a identificarse con ciertas opiniones, actitudes, sentimientos y disposiciones. (2011, p.11)

Con esta afirmación, y analizando el universo idílico de la serie, donde no hay conflictos en el grupo de personajes, que siguen en constante armonía como en muchas producciones de los estudios y de los canales *Disney*, podemos apoyarnos en el concepto de política de la inocencia, presentado por Giroux (2003, p. 134), como otra estrategia posible en el plan de marketing de los responsables de *Dino Aventuras*. Según el autor, que posee análisis acerca de *Disney*, con base en los servicios y productos ofrecidos, se construye en ellas obras la política de la inocencia, que repara conflictos e intereses de la empresa, utilizando la inocencia de forma estratégica y las empresas tienen cierto interés político en crear contenidos con cierto orden moral y favorable a sus intereses comerciales, de modo que pueda atraer o moldear al espectador a su visión del mundo, de la misma forma que Kellner (2001) defiende que la cultura transmitida por los medios proporciona material que crea las identidades por las cuales el individuo se inserta en la sociedad.

5. Conclusiones

Es comprobado que *Dino Aventuras* es una serie notable entre los estrenos de la animación brasileña contemporánea, contabilizando un número considerable de horas en la programación de los canales *Disney* y con propuestas de interacción que resultaron interesantes para el espectador infantil y sus responsables, superando los límites de la televisión. De la misma forma que, utilizando la mascota Dino en medios diversos, también sobrepasa los límites de la propaganda en esa aproximación, comprobando la creciente dificultad, afirmada por Jenkins (2007), en conseguir ver la frontera entre entretenimiento y publicidad.

La transformación de la mascota en protagonista ocurrió en un momento oportuno, ya que es indefinido el futuro de las propagandas vehiculadas para el público infantil. Con las constantes discusiones sobre el tema, las empresas necesitan discutir cambios en el enfoque para que sus imágenes no sean afectadas. Jenkins (2007) ya observaba que "las transformaciones culturales, las batallas jurídicas y las fusiones empresariales que están alimentando la convergencia mediática son cambios históricos en la infraestructura tecnológica" (2007, p.45). En esa perspectiva, él predijo que la forma en que esta convergencia evolucionaría, determinaría el equilibrio de poder de los medios de comunicación.

Constatamos que la transformación de la cultura en el mercado trae algunas consecuencias, como el intento de producir contenido que sea popular y fácil de comercializar, buscando el lucro. De esta forma, las producciones necesitan producir contenido atractivo, que sean eco de la vivencia social, como lo afirma Kellner (2001). Para él, gran parte de lo que la cultura de medios promueve, son intereses de las clases dominantes y, de esta forma, con la intención de generar mayor compromiso e identificación con las marcas, además de mejorar la imagen de las mismas, pudimos constatar la tendencia a asociar las empresas y productos a motivos de sostenibilidad y transmisores de valores positivos, así como la posibilidad de utilizar un universo pacífico y feliz en contenidos, como forma de reparar conflictos y reformar la imagen de las empresas productoras. Sin embargo, podemos constatar que el uso de personajes de gran popularidad infantil, siguiendo el camino inverso al de *Dino Aventuras*, producidos por estudios diversos en forma de productos licenciados y envases, pueden ser considerados más agresivos en términos de estímulo al consumo, contenido convergente de un personaje traído de la publicidad, pero libre de menciones a la marca, como el objeto de estudio del presente artículo.

Se puede concluir que, disponiendo de las tendencias transmidiáticas, la marca *Danone* contribuyó a la elaboración de un contenido audiovisual de calidad, que propone el incentivo a valores importantes para los niños, alcanzando su objetivo de entretener, transmitir conocimiento y auxiliar el desarrollo de su público objetivo. Alcanzó, principalmente, su objetivo de favorecer su imagen ante el mercado y los consumidores. Fue exitoso también en la ampliación de su comunicación con el espectador más allá de las llamadas publicitarias. La utilización del personaje Dino como protagonista de la serie fue la clave para la construcción de esa red que une publicidad, entretenimiento y desarrollo de valores. Enfocándose en el cultivo de afecto con el personaje, la empresa invierte en sí misma, apuntando que el camino propuesto por la convergencia del universo de Dino Aventuras, aunque alcance de forma efectiva las intenciones propuestas, es resultado de todas las transformaciones que pudimos constatar y tiene objetivos que van más allá del entretenimiento. La publicidad es una actividad necesaria para sostener programas en la programación lineal de la televisión y mantener la producción en canales de Internet, siendo así producir contenido como estrategia de marketing que pueda informar, educar y ser útil para quien consume, en lugar de películas publicitarias el único objetivo de vender y anunciar, es algo que beneficia a todos los involucrados y puede apuntar un camino a seguir en los países donde las industrias de animación y desarrollo de aplicaciones móviles están en crecimiento.

Referencias bibliográficas

ANCINE (2017). Ranking mensal - Obras brasileiras de espaço qualificado com mais horas de programação em horário nobre. Recuperado de: https://goo.gl/3UgdLG

Giroux, H. (2003) Atos impuros: a prática política dos Estudos Culturais.
Porto Alegre: Artmed.

Infoanimation (2015). Série Dino Aventuras estreia nos canais Disney. Recuperado de: https://goo.gl/wdLXFR

IPE, Cases da MRC (2011). Parceria Danone e IPE: A Floresta do Dino. En
IPE. Recuperado de: https://goo.gl/quAHFD

Istoé Dinheiro (2011). Um rival para Turma da Mônica. Recuperado de:
https://goo.gl/AViyDR

Jenkins, H. (2008) Cultura da convergência. São Paulo: Aleph.

Jornal do Senado (2014). Medida proíbe publicidade dirigida ao público
infantil. Recuperado de: https://goo.gl/cfjQV

Kellner, D. (2001) A cultura da mídia – estudos culturais: identidade e política entre o moderno e o pós-moderno. Bauru, SP: EDUSC.

Meio & Mensagem (2012). Fátima: menos Ibope, mais anunciante. Recuperado de: https://goo.gl/XaeZJy

Montigneaux, N. (2003) Público-Alvo: crianças – A força dos personagens
e do marketing para falar com o consumidor infantil. Rio de Ja-
neiro: Campos.

Mundo do Marketing (2015). Danoninho aposta em plataforma digital
para apresentar nova embalagem. Recuperado de:
https://goo.gl/dP55rU

Telesíntese (2017). Triplica quantidade de conteúdo nacional independente na TV paga. Recuperado de: https://goo.gl/JrDZ4Y

ESTRATEGIA DE MARCA E INTEGRACIÓN TRANSMEDIA EN LA COMUNICACIÓN DE LOS CLUBES DE LA LIGA

Dr. Santiago Mayorga Escalada

Universidad Pontificia de Salamanca, España

Resumen

La complejidad inherente que conlleva todo proceso de gestión de marca a la hora de establecer una estrategia, y que esta sepa desencadenarse de forma coherente a través de diversas acciones de comunicación, persigue conectar de forma relevante con los públicos. Se busca crear una experiencia única para el usuario a la hora de relacionarse con la marca, cuestión que ayudará de forma transcendental a la fidelización del mismo. En el sector del fútbol profesional las marcas comerciales, en este caso los clubes que pertenecen a La Liga, cuentan con unas condiciones muy particulares asociadas a la identidad y los sentimientos de pertenencia. Gran parte de sus clientes, para lo bueno y para lo malo, son *brandlovers* (fidelidad incondicional a la marca pase lo que pase) lo que condiciona el proceso de gestión estratégica de este tipo de marcas.

De acuerdo con esta situación, y teniendo en cuenta la coyuntura paradigmática actual, vamos a investigar cómo los clubes de La Liga transmiten su marca a través de la creación de mensajes integrados en diferentes redes sociales y canales de comunicación oficiales con el fin de que el usuario siga conectado. La marca y su comunicación dependen en gran parte del éxito en desarrollar una estrategia *transmedia* correcta. Esta tendencia nos conduce hacia un nuevo abanico de posibilidades de entretenimiento y consumo alrededor de un determinado universo creado por la marca para potenciar el *engagement* y ganar en valor añadido.

Palabras claves

Gestión de marca, *transmedia*, fútbol profesional, La Liga, canales oficiales.

1. Introducción

La cultura mediática y comercial no es ajena al sector del fútbol profesional. Las ligas y los clubes de fútbol profesionales funcionan como auténticas corporaciones, al servicio de la obtención de una serie de beneficios económicos que hagan viable su negocio. Los contratos por televisión, los patrocinios, la compra-venta de jugadores, el patrimonio material e inmaterial, los eventos, las giras, el *merchandising*, etc. son parte de un negocio que debe encaminarse hacia la profesionalización y la especialización.

El fútbol profesional es un espectáculo de masas que forma parte de la gigante y multidisciplinar industria del entretenimiento o *show business* (Ginesta, 2011). Este sector ha sabido evolucionar, adaptándose a los cambios paradigmáticos, para convertirse en uno de los iconos de nuestra sociedad actual. Ofrecen un servicio que millones de personas demandan a lo largo de todo el mundo, el entrenamiento en momentos de ocio.

En muchas ocasiones la parte irracional y romántica de los aficionados al fútbol no les hace ser conscientes de que son participes de un negocio, de un sector económico y comercial que mueve cientos de millones de euros cada temporada. Bien es cierto que para los clubes de fútbol la identidad y el apego que mantienen sus aficionados hacia la institución sirve como punta de lanza para mantener y revalorizar su marca, tanto de forma directa (abonos, entradas, *merchandising*, etc.) como a través de canales indirectos de financiación y negocio (patrocinio de marcas, contratos de publicidad, etc.). En el segundo caso los aficionados, al igual que ocurre con las audiencias dentro de los medios de comunicación de masas tradicionales, funcionan como moneda de cambio, como rehenes, con los que los clubes de fútbol pueden negociar nuevos contratos o revalorizar otros ya existentes.

En cualquier caso podemos afirmar que el negocio del fútbol profesional es cada vez más global y se conforma como un sector muy potente dentro de todo el entramado de actividades que son propias de la industria del entretenimiento. Nos encontramos ante un complejo mediático y deportivo global donde convergen factores de negocio económicos, culturales, mediáticos y deportivos (Moragas, Kennett & Ginesta, 2013). A esta circunstancia principalmente técnica/económica de administración del negocio hay que sumar los esfuerzos internos de los clubes, y de las principales competiciones, por profesionalizar sus actividades de *management*, marketing, publicidad y comunicación. Se despierta la consciencia de que nos encontramos ante marcas que deben poner en marcha procesos estratégicos de gestión con el fin de conectar de forma relevante con sus públicos, construyendo una experiencia única y coherente que ofrezca valor añadido con respecto a la posible competencia.

La situación descrita nos lleva a sumergirnos dentro de la bibliografía académica y temática del sector en cuestión para observar hasta qué punto se ha estudiado el caso. Por muy sorprendente que parezca nos encontramos ante una temática seguida por millones de personas que, paradójicamente, no cuenta con una bibliografía muy extensa. Es más, podría decirse que, exceptuando estudios globales acerca del sector del entretenimiento donde hay numerosa bibliografía, la situación de los clubes de fútbol profesionales en España es un campo donde queda mucho por trabajar en el ámbito de la investigación académica (especialmente desde la perspectiva del *branding*, la gestión de marca y las comunicaciones integradas de marketing). Por todo ello ponemos en marcha esta investigación, acercándonos a una cuestión de relevancia desde un punto de vista original y pertinente.

2. Objetivos

Toda vez que decidimos acercarnos a un tema de investigación que resulta ser relevante, original y pertinente vamos a darle forma estructural. Desde una perspectiva de *branding*-gestión de marca, queremos acercarnos a los clubes de fútbol profesionales en España para conocer cuáles son sus canales de comunicación oficiales y cómo gestionan la integración *transmedia* como parte de la tarea de comunicaciones integradas de marca. Esta cuestión nos llevará de deducir si hay una estrategia de marca clara, con un mensaje o una serie de mensajes que se integran a través de un relato coherente.

Para cumplir con éxito el planteamiento de la investigación vamos a establecer una serie de objetivos (generales y específicos) que a su vez van a dar forma a la estructura interna de la investigación:

- Objetivo General.

- Conocer cuál es la situación de la gestión de marca e integración *transmedia* de los clubes de futbol profesionales en España a través de sus canales de comunicación oficiales.

- Objetivos Específicos.

- Para llegar a construir una opinión debidamente argumentada que dé respuesta al objetivo general planteado es necesario realizar un recorrido analítico que nos reporte una serie de datos empíricos que se conviertan en argumentos de fuerza. A esta situación vamos a llegar, de forma escalonada, por la vía del cumplimiento de una serie de objetivos específicos:

  - Ser consciente de que la integración *transmedia* (uso determinado de una serie de canales de comunicación oficial, y los mensajes que se insertan en los mismos) se produce cuando hay coherencia y estrategia dentro de todo un plan de comunicaciones integradas de marca que es parte dependiente a su vez del proceso de gestión de la marca.

    o   Conocer cuáles son los canales oficiales que utilizan los clubes de fútbol profesionales en España. Saber si tienen un especio claro de integración de medios dentro de su plataforma de comunicación principal. Cuál es tipo de mensaje/mensajes que se lanzan en esos canales y qué tipo de integración hay a la hora de crear un relato. Cuál es la visibilidad que se le da a la marca en este proceso.

3. Metodología

El desarrollo de objetivos conduce de forma lógica y escalonada a trazar una estructura dentro del estudio dividida en dos grandes bloques que, a su vez, estarán regidos por dos procesos metodológicos diferentes.

- En primer lugar se hace imprescindible construir un pequeño cuerpo teórico donde queden reflejados conceptos como el proceso de gestión de marca y la estrategia *transmedia*. De igual forma es necesario advertir cuál es su estructura y organización a la hora de desarrollar un trabajo profesional y coherente. Esta parte del estudio va a conformarse en torno a la herramienta metodológica de la revisión bibliográfica (Betancourt, Gómez, Mayor & Navas, 2014) de expertos: tanto nacionales como internacionales, tanto académicos como profesionales.

- En segundo lugar se desarrollará una investigación donde poder determinar qué tipo de canales de comunicación oficiales tienen los clubes de fútbol, de qué forma se utilizan y cuál es, por norma general, su nivel de implementación de una estrategia *transmedia*. De igual forma evaluaremos la presencia de la marca en esos canales. Para esta parte del estudio vamos a utilizar un guion de análisis y mediación cuantitativo y cualitativo *ad hoc,* aplicado a nuestro caso de estudio particular (Yacuzzi, 2005).

De acuerdo con lo expuesto la estructura del estudio y su desarrollo queda conformada de la siguiente manera:

DESARROLLO ESTRUCTURAL DEL ESTUDIO	
PARTES	**METODOLOGÍA**
Cuerpo teórico	Revisión bibliográfica de expertos (nacionales e internacionales, académicos y profesionales)
Investigación	Estudio de caso ad-hoc (medición cuantitativa y valoración cualitativa)

4. Cuerpo teórico

Las estrategias de comunicación *transmedia* que desarrollan las marcas a través de diferentes medios, soportes y plataformas deben estar supeditadas a la previa elaboración de un completo programa de comunicaciones integradas de marca, parte fundamental del proceso integral que es la gestión de marca. Esta lógica estructural es descrita por Kevin Lane Keller (2008) en su libro titulado: "Administración estratégica de marca. *Branding*", y apoyada por los principales expertos en gestión de marcas.

4.1 La gestión de marca

La gestión de marca se conforma como el proceso que logra integrar todas las decisiones, estrategias y elementos que definen a la marca frente a sus públicos. La administración de un proceso tan complejo sólo puede desarrollarse con éxito si se realiza de una forma profesional y planificada, adaptándose a las condiciones actuales, a través de un equipo de estrategas encargados en exclusiva de la marca (Gil, 2010).

A pesar de encontrarnos ante un proceso que cubre y engloba a todos los ámbitos de la marca, y que goza de un protagonismo clave teniendo en cuenta las características de la actual realidad paradigmática en la que nos movemos, es difícil encontrar en la revisión bibliográfica realizada definiciones claras y concisas que nos ayuden a delimitar la disciplina. Para soliviantar esta problemática, inherente a los procesos analizados por la ciencia social y especialmente relevante en ciertos aspectos de estudio de las ciencias de la comunicación, vamos a intentar comprender la gestión de marca a través de la identificación de sus principales cinco características:

Sistema holístico de naturaleza multidisciplinar

En un gran número de ocasiones se realizan acercamientos profesionales y divulgativos al *branding*, la construcción de marca y la gestión de marca desde perspectivas reduccionistas, atómicas/fragmentarias y centradas en poner en valor una especialidad o disciplina determinada (diseño gráfico, dirección de arte, creatividad publicitaria, planificación, comunicación corporativa, acciones de marketing, etc.). La realidad del sector nos indica que cualquier intento de comprender la disciplina de la gestión de marca tiene que escapar de reduccionismos, sabiendo integrar a su vez todos los elementos que la conforman (Baena & Cerviño, 2014).

Nos encontramos ante un sistema intrincado de naturaleza eminentemente multidisciplinar. Es imposible entender la gestión de marca sin todas y cada una de las partes y disciplinas que la componen. A su vez, no se puede comprender el proceso de gestión de una marca sin tener una visión de conjunto que incluya todas sus fracciones. Bajo estos principios reside la teoría que nos acerca al estudio y la comprensión de sistemas complejos a través de la holística. Frente a pensamientos reduccionistas y fragmentarios aparecen una serie de corrientes de pensamiento que estudian los fenómenos desde una concepción integradora: holística, gestaltismo o fenomenología.

Joan Costa (2013) entiende el proceso de construcción y gestión de una marca como un sistema complejo que entender desde la perspectiva holística: "...no se puede conocer las partes sin conocer el todo, y a la inversa... el todo es más que la sua de sus partes...el todo no es posible reducirlo a partes porque todas ellas son interdependientes y es así como toman sentido al formar el todo." (p. 14)

Proceso estratégico de gestión integral

Si hay una característica que recorre de forma transversal el proceso de gestión de marca, y pone de manifiesto su naturaleza holística, es el carácter estratégico (Aaker, Joachimsthaler, del Blanco & Fons, 2005). Nos encontramos ante un sistema complejo que, a través de la estrategia, alinea de forma integral todos los elementos que lo componen, poniéndolos a trabajar bajo un objetivo común.

Esta característica redunda una vez más en la necesidad de profesionalizar la disciplina. Todo proceso de gestión de una marca de éxito requiere de un departamento exclusivo que de dirección a cargo de una serie de especialistas que se encarguen de investigar, trazar una estrategia y llevarla hacia una implementación integral en todos sus ámbitos. Las decisiones tienen que empapar la organización, llegando a todos sus elementos (humanos e inhumanos, tangibles e intangibles, internos y externos, etc.).

Los profesionales encargados de la gestión de la marca deben lograr poner en marcha la estrategia, basada en la persecución de un objetivo claro trazado en dirección hacia el largo plazo (Alemán & Escudero, 2006). Este propósito estratégico ha de ser inculcado de forma integral en todas y cada una de las acciones y elementos que van a dar forma e imagen a la marca.

Adaptarse al presente, predecir el futuro

Cualquier proceso de gestión de marca ha de saber adaptarse al presente, y estar preparado para anticiparse y predecir las condiciones futuras. Es una continuación lógica dentro de las características previas que venimos analizando (Fernández Gómez, 2013). Una marca que no adapta su estrategia, actividad e imagen a las condiciones presentes va a perder su conexión con el *target,* poniendo en riesgo su viabilidad de cara al futuro.

Los paradigmas clásicos han caído con la llegada del siglo XXI gracias, en gran medida, al desarrollo y la democratización tecnológica (Stalman, 2014). La sociedad actual tiende al individualismo, pierde la cohesión de la masa frente a la compleja y plural realidad líquida, cambian los roles, se modifican las formas de consumir y la toma de decisiones de compra, aparecen nuevas formas de ocio y el usuario pasa a tener todo el poder de decisión. En este sentido la marca es el único agente poderoso que puede establecer conexiones potentes con los usuarios, ofreciéndoles experiencias únicas y conversaciones reales y sinceras de tú a tú.

Bajo esta nueva realidad paradigmática caen también los paradigmas clásicos de la comunicación (publicidad, marketing, medios, agencias, sector, etc.) por lo que las marcas, al igual que el resto de agentes que operan dentro del sector, deben saber adaptar sus ofertas (Benavides, 2012). Esta cuestión potencia la profesionalización dentro del proceso de gestión de marca y bucea en nuevas estrategias entre las que destacan los programas de comunicación de marca donde aparecen nuevos elementos de conexión con el usuario (*transmedia, branded content, storydoing,* marcas responsables y ciudadanas, etc.).

Único, diferente y con valor añadido

Las características identificadas hasta el momento ponen de relieve que el proceso de gestión de marca busca, de forma estratégica e integral, posicionarse de una forma determinada tanto en el mercado como en la mente de sus públicos (Aaker, 2012). Esta política de posicionamiento busca hacer de la marca una oferta, una experiencia, una emoción, un icono, un símbolo, un producto, un servicio, y una elección única para el consumidor.

En paralelo a la construcción de una marca única se van trazando argumentos, atributos, valores y elementos que además permiten ayudar a diferenciarla de sus principales competidores. Dentro de este trabajo estratégico hay que tener muy en cuenta la realidad paradigmática actual y fenómenos como el desarrollo tecnológico, la saturación de medios y comunicación comercial, o la capacidad de autonomía y toma de decisiones que tienen los usuarios (Neumeier, 2011).

Tener en cuenta todos estos factores, y cómo pueden influir en la construcción de la marca, es una parte fundamental de la estrategia dentro del proceso de gestión. Ahí reside gran parte del trabajo que acabará dando forma a la identidad, la personalidad y el concepto de la marca.

Ser única y original es la mayor ventaja competitiva de la que una marca puede dotarse con el fin de conectar con su *target* y, por tanto, diferenciarse claramente del resto (competencia y posibles competidores).

La capacidad que una marca tenga para desarrollar un proceso de gestión estratégico de éxito va a redundar en su posicionamiento, en su visibilidad, en su imagen, en su capacidad para comunicar, ser única, y por tanto perfectamente reconocible y diferenciable con respecto de su competencia. A medida que esto ocurra su identidad, personalidad, atributos, valores y concepto se irán consolidando lo que redundará en el propio beneficio de la marca a través de su imagen, notoriedad y capacidad de conexión con su *target*. La gestión exitosa de estas variables hace que la viabilidad comercial y económica de la marca esté asegurada.

El fin último de la marca, a través de su proceso estratégico de gestión, es dotarse de valor añadido. La creación de una experiencia única y relevante cumplida hace que el usuario pase a ser consumidor, llegando a fidelizar la relación. A través de esta relación el consumidor va a estar dispuesto a pagar un % más por acceder a la oferta de una marca determinada. Es en este momento donde el proceso de gestión de marca alcanza su máximo objetivo, dotar a la marca de valor añadido (Keller, Parameswaran & Jacob, 2011).

Coherencia, constancia y consistencia

El proceso de gestión de marca tiene que lograr poner en marcha una identidad, un concepto, una personalidad, una imagen y todo un plan de comunicaciones que sea perfectamente reconocible para su target, único y diferente respecto de lo propuesto por la competencia. Es a partir de aquí donde se crea valor añadido.

Para que todo esto ocurra y, por tanto, el proceso de gestión de marca sea un éxito es imprescindible desarrollar de forma integral una estrategia clara y firme donde la coherencia, la constancia y la consistencia se convierten en virtudes imprescindibles (Frampton, 2010:81); (Walvis, 2010); (Stalman, 2014:43).

4.2 Comunicaciones integradas de marca. Estrategia *transmedia*.

De forma jerárquica, y a través de una lógica escalonada, el proceso de gestión de marca va del trabajo de investigación y construcción (posicionamiento, identidad, personalidad, valores, concepto, etc.) hasta su implementación a través de todo un programa de comunicaciones integradas de marca (marketing, publicidad y comunicación estratégica de marca).

Podemos afirmar que el concepto de comunicaciones integradas de marca:

> "se refiere a la coordinación e integración de todas las herramientas, vías y fuentes de comunicación de marketing de una empresa dentro de un programa uniforme que maximice el impacto sobre los clientes y otras partes interesadas a un costo mínimo. Esta integración afecta toda la comunicación de empresa a empresa, canal de marketing, centrada en los clientes y dirigida internamente de una empresa" (Baack, Clow, Eychenbaum, Villarreal & de los Ángeles Ramos, 2010:2).

Se trata de establecer, de forma estratégica e integral, un programa que regule todos los elementos de marketing, medios, acciones y mensajes que se van a utilizar para comunicar la marca. Es igualmente importante que, dentro de este trabajo de gestión integral de elementos y actividades, los encargados del proceso de gestión de marca coordinen y establezcan los objetivos de comunicación que se deben conseguir tanto dentro de los departamentos de la empresa como por parte de aquellos agentes que sean contratados de forma externa (agencias, etc.).

Dentro de este programa de comunicaciones integradas de marca existe la posibilidad de desarrollar una estrategia narrativa de tipo *transmedia*. Este elemento surge como respuesta comunicativa a los cambios que se producen con respecto a la nueva realidad paradigmática frente a las concepciones clásicas y estáticas de la comunicación: desarrollo y uso cotidiano de la tecnología; papel activo y protagonista del consumidor, que se hace con un poder indiscutible; cambio en las formas de vida, inquietudes y lógicas a la hora de consumir; evolución de los procesos comerciales y de la toma de decisiones de compra; protagonismo de la marca como activo más importante de la empresa y agente de conexión relevante con los usuarios; atomización de los medios de comunicación y aparición de múltiples plataformas con posibilidad de consumo a través de diferentes dispositivos móviles; el usuario es una persona informada y con criterio que busca conexiones que le aporten información u ocio de calidad, además tienen la posibilidad de elegir la forma en que consume por lo que la comunicación comercial clásica de tipo intrusiva pierde eficacia frente a las comunicaciones relevantes de tipo no intrusivo.

A través de estas características las agencias, los medios y los estrategas de departamentos internos de marca y de marketing se ponen a trabajar en elementos de comunicación que generen *engagement* con los usuarios teniendo en cuenta la adaptación a la coyuntura actual. Se busca narrar un relato que envíe, a través de diferentes medios y soportes, mensajes integrados en coherencia con la estrategia de la marca. De esta forma se potencia las posibles conexiones con el usuario, haciéndolo participe de la comunicación de la marca (agente activo).

Henry Jenkins, padre del concepto e investigador de la teoría *transmedia*, define la disciplina como un: "Proceso donde los elementos que integran la ficción se difunden sistemáticamente a través de múltiples canales de distribución con el propósito de crear una experiencia de entretenimiento única y coordinada. Idealmente, cada medio realiza su propia contribución al desarrollo de la historia." (Jenkins, 2009).

5. Investigación

Toda vez que tenemos un pequeño cuerpo teórico sobre el que recae el sentido delos conceptos que estamos manejando es posible pasar a la segunda parte del estudio: la investigación. Gracias a esta parte nos acercaremos al estudio de caso concreto, pudiendo obtener una serie de resultados que nos ayuden a construir una argumentación que dé respuesta al objetivo principal establecido.

5.2 Metodología

Para cumplir con los objetivos específicos marcados para esta etapa del estudio desarrollamos una investigación aplicada que, de forma *ad hoc*, va a centrarse en identificar, medir y evaluar una serie de información relevante. Con la pretensión de llevar a cabo la investigación de la forma más correcta posible utilizaremos como herramienta metodológica la revisión documental y la observación.

5.3 Muestra y universo

La investigación se va a realizar utilizando el total del universo (clubes de fútbol profesionales que pertenecen a La Liga) con la excepción de aquellos equipos que son filiales, y por tanto, parte de otra marca madre. Se toman las webs oficiales de cada club como la plataforma central y protagonista sobre la que pivotan el resto de elementos y acciones de la marca (comunicación, marketing, publicidad, patrocinios, etc.). Se accede a las web oficiales de cada club a través de la página oficial de La Liga.

5.4 Estructura y desarrollo

Para el trabajo de recopilación, análisis y valoración de la información que vamos a utilizar se crea una plantilla donde se van a registrar los siguientes datos para cada club estudiado:

- Categoría del club estudiado (primera división o segunda división)

- Web oficial (dar fe de que el club cuenta con una página web oficial que se conforma como el elemento central de comunicación de la marca).

- Redes sociales (identificar qué redes sociales oficiales de comunicación tiene el club y de qué manera se encuentran asociadas y visibles dentro de la web oficial).

- Integración multimedia (reconocer si dentro de la web oficial de cada club hay una visible sección multimedia donde se integran el resto de elementos de comunicación de la marca).

- Medios de comunicación propios (verificar la existencia de medios de comunicación propios asociados al club y su visibilidad/accesibilidad a través de la web oficial).

- App oficial (observar a través de la web oficial de cada club si hay algún tipo de sección, accesibilidad, visibilidad y/o promoción de una app oficial del club a través de la cual crear otra plataforma de comunicación de la marca donde crear *engagement* y potenciar la estrategia *transmedia*).

- Integración *transmedia* (de acuerdo con las variables anteriormente estudiadas, y observando el contenido de los canales de comunicación utilizados por cada club, se valorará entre 0 y 10 cuál es el nivel de integración *transmedia* que tienen los clubes a la hora de comunicar su marca).

- Visibilidad/Comunicación de la marca (en relación con todas las variables estudiadas, y teniendo en cuenta el contenido que cada club utiliza en sus medios de comunicación, valoraremos de 0 a 10 cuál es la visibilidad/comunicación que le dan a la marca).

5.5. Resultados

Una vez que se ha realizado el proceso de revisión documental y observación del caso de estudio, se ha registrado y valorado tanto la información como el contenido dentro de la plantilla de investigación constituida para cada club, y se han grabado los datos en un programa informático de estadística (SPSS en este caso) vamos a proceder a presentar los resultados obtenidos:

Se han estudiado a los 40 clubes profesionales que pertenecen a La Liga en la temporada 2017/2018, 20 clubes de primera división (Liga Santander) y 20 clubes de segunda división (Liga 1/2/3). Han quedado fuera del estudio dos clubes de la segunda división (F.C. Barcelona B y Sevilla Atlético) por ser filiales de dos clubes que ya juegan en la primera división (y representan a la marca madre).

CLUBES ESTUDIADOS EN LA INVESTIGACIÓN	
Primera División	Segunda División
Club deportivo Alavés	Albacete Balompié
Athletic Club de Bilbao	Agrupación Deportiva Alcorcón
Club Atlético de Madrid	Unión Deportiva Almería
Real Club Celta de Vigo	Cádiz Club de Fútbol
Deportivo de La Coruña	Córdoba Club de Fútbol
Sociedad Deportiva Eibar	Cultural y Deportiva Leonesa
R.C. Deportivo Espanyol de Barcelona	Granada Club de Fútbol
Fútbol Club Barcelona	Sociedad Deportiva Huesca
Getafe Club de Fútbol	Lorca Fútbol Club
Girona Fútbol Club	Club Deportivo Lugo
Unión Deportiva Las Palmas	Gimnàstic de Tarragona
Club Deportivo Leganés	Club Deportivo Numancia de Soria
Levante Unión Deportiva	Club Atlético Osasuna
Málaga Club de Fútbol	Real Oviedo
Real Betis Balompié	Rayo Vallecano de Madrid
Real Madrid C.F.	Club de Fútbol Reus Deportiu
Real Sociedad	Real Sporting de Gijón
Sevilla Fútbol Club	Club Deportivo Tenerife
Valencia Club de Fútbol	Real Valladolid
Villareal Club de Fútbol	Real Zaragoza

La investigación constata que el 100% de los equipos profesionales que forman parte de La Liga tienen página web oficial. De igual forma se observa que la web oficial de los clubes funciona como la plataforma sobre la que gira la marca y se gestiona la comunicación de los clubes.

En cuanto al uso de redes sociales oficiales advertimos que el 95% de los clubes de Primera División están presentes con una cuenta oficial en Twitter mientras que en la Segunda División el 100% de los clubes tienen cuenta oficial en esta red social. En total, el 97,5% de los clubes de fútbol profesionales que forman parte de La Liga poseen una cuenta oficial en Twitter.

Para el caso de Instagram observamos que el 90% de los clubes de Primera División poseen una cuenta oficial en esta red social frente al 100% de los clubes de Segunda División. El resultado nos indica que un 95% de los clubes de La Liga tienen cuenta en Instagram.

A la hora de registrar las cuentas de Facebook obtenemos el resultado de que el 90% de los clubes de Primera División poseen una cuenta oficial en esta red social mientras que los clubes de Segunda División con página oficial de Facebook representan el 97,5%. De forma general concluimos que el 93,75% de los clubes de fútbol profesionales pertenecientes a La Liga tiene página oficial de Facebook.

El 95% de los clubes de Primera División tienen cuenta oficial en Youtube mientras que los clubes de Segunda División que tienen cuenta oficial en esta red social de contenidos audiovisuales representan el 90%. El 92,5% de los clubes de fútbol profesional que pertenecen a La Liga está presente en Youtube con una cuenta oficial.

Al margen de estas redes sociales existen otras muchas. El 65% de los clubes de Primera División cuentan con otra serie de redes sociales oficiales mientras que los clubes de Segunda División que poseen otro tipo de redes sociales representan el 25%. En líneas generales, el 45% de los clubes de fútbol profesionales que pertenecen a la Liga cuentan con otras cuentas oficiales en redes sociales, a parte de las mencionadas anteriormente. En este caso destacan especialmente tres redes sociales: Google +, Flickr y LinkedIn.

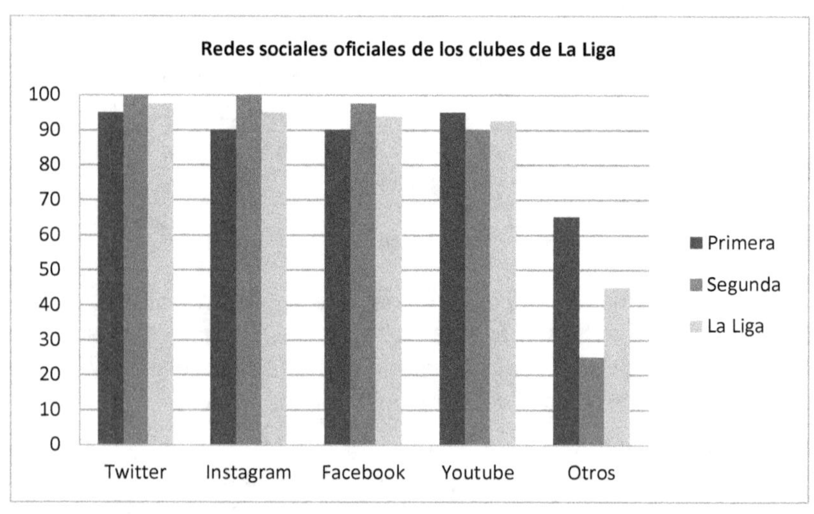

Dentro del análisis realizado a las webs oficiales de los clubes que pertenecen a La Liga extraemos que el 77,5% de ellas cuentan con una sección multimedia (elementos y contenido de comunión audiovisual) de fácil visibilidad y acceso intuitivo. Este porcentaje es del 90% en el caso de los clubes de Primera División y del 65% en los clubes de Segunda División.

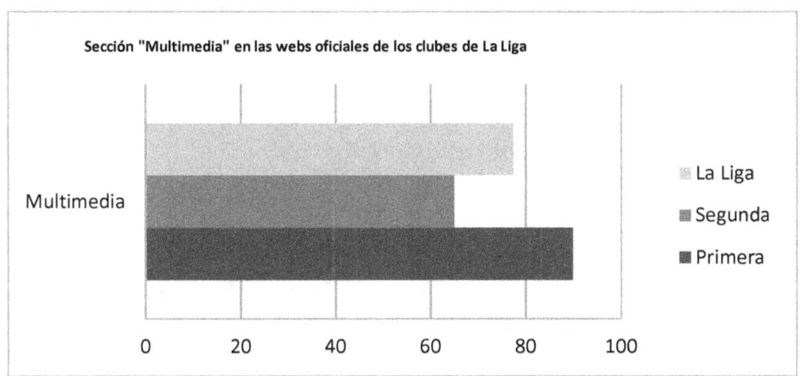

La investigación también ha revisado si los clubes poseen otros grandes medios de comunicación oficiales propios, y la forma en que estos aparecen dentro de sus páginas web (visibilidad, promoción, sección propia, etc.). Los resultados nos indican que el 30% de los clubes de Primera División cuentan con un canal de televisión propio frente al 0% de los clubes de Segunda División. En suma total, los clubes de La Liga que cuentan con canales de televisión oficiales propios es del 15%.

Por otro lado, los clubes de Primera División que cuentan con una radio oficial propia suponen el 25% mientras que en la Segunda División suponen el 5%. Los clubes de fútbol profesional que forman parte de La Liga y cuentan con una radio propia suponen el 15% del total.

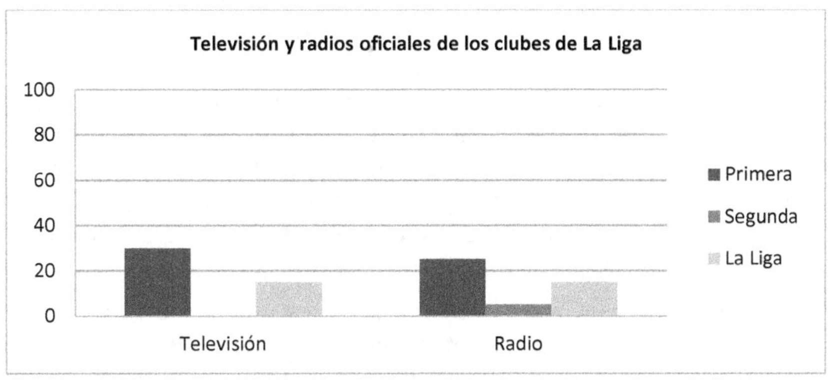

Para el estudio que estamos realizando era muy importante determinar qué porcentaje de los clubes cuentan con *apps* propias, siendo un ejemplo claro en la apuesta por diversificar el número de plataformas propias que de forma nuclear ofrecen información, comunicación y experiencias de marca en formato móvil y multipantalla. Los resultados nos indican que el 55% de los clubes de Primeva División poseen *apps* oficiales propias frente al 0% de clubes de Segunda División. El total de clubes de fútbol profesional que pertenecen a La Liga y cuentan con *apps* oficiales propias es del 27,5%.

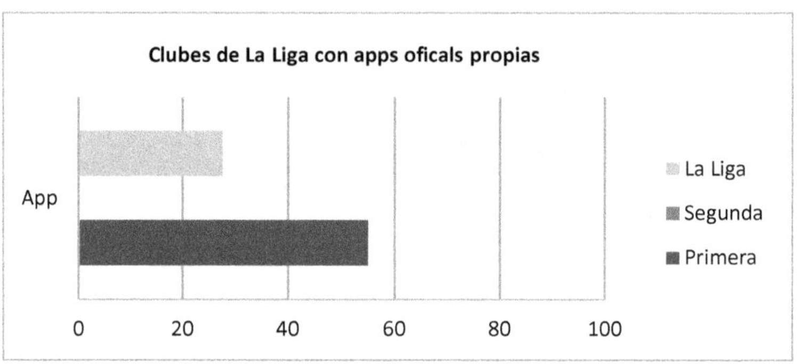

Presentados los resultados cuantitativos de la investigación vamos a introducirnos en los dos elementos que tienen un carácter más cualitativo, y que se conforman como determinantes para el estudio: nivel de estrategia *transmedia* y visibilidad de la marca en los contenidos.

Con el fin de evaluar, de la manera más objetiva posible, de 0 a 10 el nivel de estrategia *transmedia* que desarrollan los clubes de La Liga se han establecido 10 categorías de un punto cada una asociadas al desarrollo de este estudio que cuenta con 9 variables: Twitter, Instagram, Facebook, Youtube, otras redes sociales oficiales, sección visible de multimedia, televisión oficial, radio oficial, app oficial. La décima variable es una evaluación propia realizada a través de la observación y medición del contenido/mensajes que se introducen en los distintos canales de comunicación oficiales de los clubes (coherencia, convergencia, integración, narrativa, estrategia). De acuerdo con esta evaluación, y teniendo en cuenta que las notas se sitúan entre el 0 y el 10, obtenemos que los clubes de Primera División tienen una nota en cuanto a su desarrollo de la estrategia *transmedia* de 5,15. Los clubes de Segunda División consiguen por su parte una nota de 4,35. De forma general la nota media que obtienen los clubes de fútbol profesional que pertenecen a La Liga en su desarrollo de una estrategia *transmedia* es de 4,75.

Para evaluar la presencia de la marca en la estrategia de comunicación *transmedia* que desarrollan los clubes de La Liga hemos utilizado las mismas variables descritas previamente bajo un baremo de nota que se sitúa entre el 0 y el 10. Para este caso cada variable será investigada desde la perspectiva de coherencia, convergencia, integración, narrativa y estrategia aplicada a unos contenidos periódicos dedicados a dar visibilidad a la marca (imagen de marca). En relación con esta metodología llegamos al resultado de que los clubes de Primera División obtienen una nota de 5,55 en cuanto a su desarrollo de la visibilidad de la marca dentro de la estrategia de comunicación *transmedia*. Los clubes de Segunda División obtienen para esta variable una nota de 4,80. En consecuencia, los clubes profesionales de fútbol que forman parte de La Liga obtienen una nota media de 5,17 en su faceta de visibilidad de la marca dentro de su estrategia de comunicación *transmedia*.

6. Conclusiones

Teniendo en cuenta la estructura escalonada de información que hemos ido desarrollando a lo largo del estudio, y que le dota de coherencia interna, vamos a presentar las conclusiones de acuerdo con esta forma de proceder. Para ello vamos a utilizar el planteamiento de objetivos desarrollado al inicio, dando respuesta desde lo más específico hasta llegar a lo general:

Objetivos específicos

El cuerpo teórico construido ofrece respuestas para una parte de los objetivos específicos establecidos. Nos ayuda a entender qué es el proceso de gestión de marca, y cuál es el papel de la estrategia *transmedia* dentro del programa de comunicaciones integradas de marca. Esta jerarquía de niveles e implementación de acciones fija la estructura de un proceso tan complejo y multidisciplinar como es el de la gestión de marca. Además, ayuda a transmitir la estrategia de una forma coherente e integral a todas las acciones de la marca.

Con el objeto de comprender y delimitar el concepto de gestión de marca trazamos una serie de características clave que lo definen: sistema holístico de naturaleza multidisciplinar; proceso estratégico de gestión integral; adaptarse al presente, predecir el futuro; único, diferente y con valor añadido; coherencia, constancia y consistencia. Una de las partes fundamentales del proceso de gestión de marca, tras realizar todo un trabajo de investigación y construcción de la identidad, es la implementación en forma de programa de comunicaciones integradas de marca. De forma muy resumida podemos afirmar que se trata de gestionar de forma coherente con la estrategia trazada previamente todas las acciones y elementos de marketing/comunicación que den visibilidad a la marca y ayuden a conectarla con su target. Dentro del programa de comunicaciones integradas de marca se sitúa la posibilidad de trazar una estrategia de narrativa transmedia a través del cual desarrollar un relato determinado. En coherencia con la estrategia de la marca, el relato será difundido gracias a varios mensajes insertados en diferentes canales de comunicación que faciliten el cumplimiento del objetivo de comunicación marcado. Nos encontraos ante una técnica que intenta adaptar la comunicación de la marca a la nueva realidad paradigmática a través de la convergencia de mensajes y el uso estratégico de múltiples canales, plataformas, medios y soportes con un objetivo integrado. La marca pretende enviar un mensaje coherente que conecte de forma relevante y no intrusiva con los usuarios, ofreciendo información y/o entretenimiento que ayude a construir una experiencia única y una relación de fidelidad potente.

La segunda parte de objetivos específicos obtienen respuesta gracias a la investigación desarrollada en torno a los clubes de fútbol profesionales que forman parte de La Liga. El 97,5% de todos estos clubes tienen una cuenta oficial de Twitter; el 95% posee cuenta oficial de Instagram; el 93,75% cuenta con página oficial de Facebook; y el 45% dispone de otras redes sociales con cuenta oficial, principalmente Google +, Flickr y LinkedIn (en este caso contrasta el porcentaje muy superior de equipos de Primera División: 65% con respecto a los de Segunda División: 25%).

Los clubes que cuentan con una sección multimedia clara/intuitiva, perfectamente visible y diferenciada dentro de sus páginas web oficiales de los clubes de La Liga es del 77,5% (vuelve a identificarse una diferencia relevante entre el porcentaje de los clubes de Primera División: 90% y el de los clubes de Segunda División: 65%).

El 15% de clubes de La Liga cuentan con televisión y radio oficiales propias. En este caso la diferencia de porcentajes entre clubes de Primera y Segunda División es realmente notable (Televisión: 30% vs 0%: Radio: 25% vs 5%). Las diferencias de porcentaje entre clubes de Primera y Segunda División también son alarmantes en cuanto a la disponibilidad de *app* oficial propia (55% vs 0%), siendo el total del 27,5%.

Finalmente, y a través de la valoración de una serie de variables descritas anteriormente dentro de un baremo que se sitúa entre el 0 y el 10, se establecen dos notas tanto para la estrategia *transmedia* en la comunicación de los clubes de La Liga (4,75) como para su comunicación/visibilidad de marca (5,17).

Objetivo general

De acuerdo con la exposición de resultados, aplicados en la tarea de dar respuesta a los diferentes objetivos específicos, continuamos con la estructura escalonada para llegar hasta el objetico general planteado: conocer cuál es la situación de la gestión de marca e integración *transmedia* de los clubes de futbol profesionales en España a través de sus canales de comunicación oficiales.

La situación de la estrategia de comunicación *transmedia* en los clubes de La Liga es de suspenso (4,75) mientras que la comunicación/visibilidad de la marca dentro de los contenidos que se utilizan en la estrategia *transmedia* alcanza un aprobado muy justo (5,17).

El suspenso de la estrategia *transmedia* por parte de los clubes de La Liga no viene tanto por el uso cuantitativo de redes sociales y canales de comunicación donde hay una amplia mayoría de uso (excepto en la posesión de televisión o radio oficiales propias). El déficit aparece al observar que los porcentajes comienzan a descender en el momento de identificar un apartado/sección claro, intuitivo y perfectamente visible dedicado a la comunicación multimedia dentro de las páginas webs oficiales. La problemática se agrava con las *apps* oficiales de los clubes (27,5%), especialmente en el ámbito de los clubes de Segunda División donde el porcentaje es del 0%, siendo del 55% en los clubes de Primeva División (poco más de la mitad de clubes de Primera División con app oficial propia). En la parte cualitativa es donde más deficiencias se encuentran dentro del trabajo de comunicación de marca y estrategia *transmedia*, destacando especialmente las siguientes deficiencias: en muchos casos no se observa una estrategia de comunicación *transmedia* clara y coherente, ni en cuanto a integración de medios/soportes ni en cuento a mensajes/contenido; no se percibe una narrativa de marca integrada a lo largo de los contenidos que se insertan en los diferentes canales de comunicación; dentro de los contenidos que se utilizan en los diferentes canales de comunicación de los clubes no parece que haya una planificación temática, destacando en muchas ocasiones un servicio puramente de prensa; la visibilidad de la marca, ya sea de forma implícita o explícita, es muy escasa en los contenidos de comunicación utilizados por los clubes en sus diferentes canales, encontrando muy pocas complicidades en favor de crear una narrativa que intente posicionar o transmitir parte de la identidad de la marca.

Para finalizar volvemos a hacer hincapié en la necesidad de profesionalizar los procesos estratégicos de gestión de marca, así como su fase de implementación a través de un programa de comunicaciones integradas (marketing, comunicación, publicidad, etc.) que sepa conectar con el target, transmitiendo de forma efectiva y coherente la identidad/concepto de la marca. Es imprescindible además que los clubes de fútbol sean conscientes de su necesidad de establecer un proceso de gestión de su marca, porque en definitiva es lo que son, marcas.

Referencias bibliográficas.

Aaker, D. A. (2012). Building strong brands. Nueva York: Simon and Schuster.

Aaker, D. A., Joachimsthaler, E., del Blanco, R. M. A., & Fons, V. C. (2005). Liderazgo de marca. Bilbao: Deusto.

Alemán, J. L. M., & Escudero, A. I. R. (2007). Estrategias de marketing: un enfoque basado en el proceso de dirección. Madrid: Esic.

Baena, V., Cerviño, J. (2014). Nuevas dimensiones y problemáticas en el ámbito de la creación y gestión de marcas. Cuadernos de Estudios Empresariales, 24, pp. 50-11.

Benavides Delgado, J. (2012). La investigación en comunicación y publicidad: nuevos temas y problemas. Questiones publicitarias, (17), pp. 71-93.

Bernal, A, y Román, J. (2013). La curiosidad en el desarrollo cognitivo: análisis teórico. UNACIENCIA. Revista de Estudios e Investigaciones. Año 6, n° 11.

Betancourt, L.A., Gómez, E., Mayor, G. & Navas, D. (2014). Metodología para la revisión bibliográfica y la gestión de información de temas científicos, a través de su estructuración y sistematización. Dyna, 81(184). Pp. 158-163.

Costa, J. (2013). Los cinco pilares del branding, anatomía de la marca. Barcelona: CPC.

de Moragas, M., Kennett, C., & Ginesta, X. (2013). Football and media in Europe: a new sport paradigm for the global era. En Sport and the Transformation of Modern Europe (pp. 140-161). Londres: Routledge.

Fernández Gómez, J. D. (2013). Principios de estrategia publicitaria y gestión de marcas. Nuevas tendencias de brand management. Madrid: Mc Graw Hill.

Frampton, J. (2010). ¿Qué hace grande a una marca? En: En clave de marcas. Madrid: LID, pp. 79-87.

Gil, J. V. (2010). Branding. Tendencias y retos en la comunicación de marca (Vol. 38). Barcelona: UOC.

Ginesta, X. (2011). El fútbol y el negocio del entretenimiento global. Los clubes como multinacionales del ocio. Comunicación y Sociedad, 24(1), pp. 141-166.

Jenkins, H. (2009). "The Revenge of the Origami Unicorn: Seven Principles of Transmedia Storytelling (Well, Two Actually. Five More on Friday)". Consultado el 1 de mayo de 2018 del weblog oficial de Henry Jenkins: http://henryjenkins.org/2009/12/the_revenge_of_the_origami_uni.html

Keller, K. L., Parameswaran, M. G., & Jacob, I. (2011). Strategic brand management: Building, measuring, and managing brand equity. Londres: Pearson Education.

Keller, K.L. (2008). Administración estratégica de marca. Branding. Madrid: Pearson – Prentice Hall.

Neumeier, M. (2011). Zag: Cómo superar a tus competidores mediante la diferenciación radical de tu marca. Madrid: LID Editorial.

Stalman, A. (2014). Brandoffon: el branding del futuro. Barcelona: Planeta.

Walvis, T. (2010). Branding with brains. The science of setting sustomers to shoose your company. Londres: Pearson.

Yacuzzi, E. (2005). El estudio de caso como metodología de investigación: teoría, mecanismos causales, validación (No. 296). Serie Documentos de Trabajo, Universidad del CEMA.

*Este libro se terminó de elaborar en noviembre de 2018
en la ciudad de Sevilla, bajo los cuidados de
Francisco Anaya, director de Ediciones Egregius.*